Preciosa
GRACIA

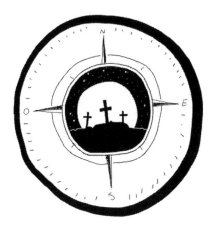

"*Al colgar de la cruz,* Cristo era el evangelio. *Ahora tenemos un mensaje: 'He aquí el Cordero de Dios que quita el pecado del mundo'. Este es nuestro mensaje, nuestro argumento, nuestra doctrina, nuestra advertencia al impenitente, nuestro ánimo para el que sufre, la esperanza de cada creyente. Si podemos despertar un interés en las mentes de los hombres que los induzca a fijar los ojos en Cristo, podremos ponernos a un lado y pedirles que solo continúen con los ojos fijos en el Cordero de Dios".*

(Elena G. de White, *Comentario bíblico adventista*, 7-A: 456).

Preciosa GRACIA

Pertenece a:

_____

Obsequiado por:

_____

Fecha:

_____

En mis manos veo tus clavos.
En las tuyas, un ramo de perdón.
Quiero amarte.
¿Y tú, Jesús?
—Morir amándote.

Juan Francisco Altamirano

(Costó la sangre de Jesucristo)

|SERIE DE SERMONES SOBRE LA GRACIA|

Juan Francisco Altamirano

Preciosa gracia
Serie de sermones sobre la gracia

Juan Francisco Altamirano Rivera
Primera edición: Marzo, 2019
226 páginas

Editor: Juan Francisco Altamirano Rivera
Asesor editorial: Miguel Ángel Núñez
Redactor freelance: Noel Ruiloba Sibaja
Diseño de interiores y portada: Elizabeth Valoyes Salas
Ilustraciones: Josué Hernández
Fotografía: Bessie Aguirre
Imagen de la portada: Pxhere
Publicado por: Movimiento Misionero Aplantar

© Juan Francisco Altamirano Rivera
2019 / Reservados todos los derechos

Prohibida la reproducción (texto, imágenes y diseño), su manipulación y transmisión ya sea electrónica, mecánica, por fotocopia u otros medios, sin permiso previo y por escrito del autor.

Índice

Agradecimiento...13
Dedicatoria...15
Prólogo..17
Palabras preliminares..21

SERMÓN 1: ESCANDALOSA GRACIA..................29
- *Bosquejo*..42
- *Ilustración adicional*..45
- *Lupa teológica*..47

SERMÓN 2: GRACIA PERTURBADORA................51
- *Bosquejo*..68
- *Ilustración adicional*..71
- *Lupa teológica*..72

SERMÓN 3: GRACIA FESTIVA...............................77
- *Bosquejo*..92
- *Ilustración adicional*..95
- *Lupa teológica*..97

SERMÓN 4: GRACIA IMPAGABLE..................103
- *Bosquejo*..................118
- *Ilustración adicional*..................121
- *Lupa teológica*..................122

SERMÓN 5: PRECIOSA GRACIA..................127
- *Bosquejo*..................141
- *Ilustración adicional*..................144
- *Lupa teológica*..................146

SERMÓN 6: GRACIA REVELADORA..................151
- *Bosquejo*..................167
- *Ilustración adicional*..................170
- *Lupa teológica*..................171

SERMÓN 7: GRACIA MISIONAL..................175
- *Bosquejo*..................190
- *Ilustración adicional*..................193
- *Lupa teológica*..................195

SERMÓN 8: GRACIA PARENTAL..................199
- *Bosquejo*..................213
- *Ilustración adicional*..................216
- *Lupa teológica*..................218

Apéndice: ¿Debemos observar los mandamientos para ser salvos?..................221

Acerca del autor..................225

Agradecimiento

Escribo esta nota desde Cárdenas, municipio del estado de Tabasco, México.

Estoy en el aposento alto de la casa del médico naturista, Pavel López Acosta; un instrumento en las manos de Dios para mejorar mi salud y la de muchos.

Pavel e Imelda, América y Pavel Jr., muchísimas gracias por abrirme las puertas de su casa.

Más del cincuenta por ciento de este libro lo escribí abrigado en el calor de su hogar. Millonarias gracias a ustedes.

Dedicatoria

Yo tendría unos catorce años en aquel entonces cuando alguien me motivó a tomar el púlpito por primera vez.

Alguien creyó que Dios podía enseñarme para usarme.

Ese alguien eres tú, mi amigo y hermano; a ti, pastor Elías Fley González dedico:

Preciosa gracia

Aquí te devuelvo de nuevo el libro de sermones que me prestaste, ahora en la forma de este libro de sermones sobre la gracia.

A ti, hermano en Cristo, mentor de pastores, muchas gracias por tu ministerio.

Prólogo

Tienes en tus manos una serie de sermones que están escritos para inspirar, motivar, enseñar y redimir. Vas a inspirarte al estudiar y presentar los temas, porque estarás estudiando la temática más valiosa e importante ante los altares celestiales. Vas a motivarte, porque no hay nada que motive tanto a un ser humano como el verse tratado mejor de lo que merece; y esto solo la gracia de Cristo lo puede realizar en maneras palpables e innegables. Los temas han sido diseñados para ser didácticos, para que tú como predicador puedas enseñarlos y explayarte en el tema que ocupará nuestra mente y atención por la eternidad. ¿Que es lo que el amor y la gracia de Dios son capaces de hacer en el corazón humano? La autora, Elena G. de White, lo expresa de la siguiente manera: "La religión de Cristo transforma el corazón. Dota de ánimo celestial al hombre de ánimo mundanal. Bajo su influencia, el egoísta se vuelve abnegado, porque tal es el carácter de Cristo. El deshonesto y maquinador, se vuelve de tal manera íntegro, que viene a ser su segunda naturaleza hacer a otros como quisiera que otros hiciesen con él. El disoluto queda transformado de la impureza a la pureza. Adquiere buenos hábitos porque el Evangelio de Cristo llegó a ser para él un sabor de vida para vida".[1]

La gracia de Dios es escandalosa y perturbadora

---

[1] Elena G. de White, *Joyas de los testimonios*, (Mountain View, CA.: Pacific Press, 1971), 2:114.

porque llega sin ser esperada y sin tener expectativas de ser recibida. No se entiende, no sabemos qué hacer con ella porque desafía nuestros paradigmas racionales y nuestra lógica. Dios busca al indeseado, se interesa en el desechado, ayuda al infeliz y al grosero; platica con los avergonzados, come con publicanos y pecadores, y ama extravagantemente al perdido. La gracia de Dios nos pone en duda al mismo tiempo que nos llena de seguridad, nos da consuelo al mismo tiempo que nos inquieta. Nos ofrece un futuro al mismo tiempo que nos recuerda de la gran necesidad de nuestro presente. Se siente deliciosa dándonos un sentido de satisfacción y saciedad al mismo tiempo que nos hace sentir hambre y sed por aún más. Es la experiencia divina que más necesitamos, y, sin embargo, es la vivencia humana que más rechazamos. No cuesta nada, pero lo demanda todo, porque no puedes obtenerla a menos que rindas lo más grande que tienes, tu orgullo. Para recibir la gracia tienes que declararte en bancarrota total.

Juan Francisco Altamirano se refiere a las palabras de Timothy Keller, cuando dijo: "El verdadero Jesús requiere más de lo que nunca pensaste, pero ofrece más de lo que nunca imaginaste". La bondad solamente puede ser verdadera bondad cuando se la practica hacia el ingrato, hacia el grosero e irrespetuoso, hacia quien, de plano, no se la merece. El apóstol Pablo nos dice: "Ciertamente, apenas morirá alguno por un justo; con todo, pudiera ser que alguno osara morir por el bueno. Mas Dios muestra su amor para con nosotros, en que siendo aún pecadores, Cristo murió por nosotros" (Romanos 5:7-8).

El autor de *Preciosa gracia* hace una exégesis y análisis de varios pasajes bíblicos ofreciendo lecciones y

Prólogo

principios prácticos aplicables a la vida cristiana diaria. Envuelve las lecciones sobresalientes del evangelio con historias amenas, tiernas y reales que le dan vida, humor, y compasión a las presentaciones. El mensaje es sencillo pero profundo, teológico pero elemental, el pensamiento y argumento es altamente espiritual que no cabe duda, será utilizado por el Espíritu Santo para traer salvación a los muchos que escuchen y lean estos sermones.

César de León. PhD, LMFT
Vicepresidente de Ministerios Hispanos
Director Ministerial | Evangelismo | Misión Global
North Pacific Union Conference

19

Palabras preliminares

Preciosa gracia fue escrito con la intención de poner una herramienta en manos de los predicadores que gozosamente exponen el mensaje del evangelio a sus audiencias. En primer lugar, a ustedes, estimados mensajeros frente a sus congregaciones, felicidades por ser pregoneros del precioso mensaje de la gracia de nuestro Señor Jesucristo.

Pero, ¿por qué sermones sobre la gracia y la justificación por la fe en Jesucristo? Déjame darte, por lo menos, cinco razones por las cuales predicar sobre este tema:

Primera razón, porque este tema *es el mensaje del tercer ángel de Apocalipsis 14*, el mensaje confiado a los adventistas del séptimo día. Al respecto, Elena G. de White aclaró sin lugar a dudas: "Varios me han escrito preguntándome si el mensaje de la justificación por la fe es el mensaje del tercer ángel, y he contestado: 'Es el mensaje del tercer ángel en verdad'".[1]

En esta misma línea de pensamiento es un aporte la siguiente cita, también escrita por Elena G. de White: "En su gran misericordia el Señor envió un preciosísimo mensaje a su pueblo por medio de los pastores Waggoner y Jones. Este mensaje tenía que presentar en

---

[1] Elena G. de White, *Mensajes selectos* (Doral, FL.: APIA, 2000), 1:437.

forma destacada ante el mundo al sublime Salvador, el sacrificio por los pecados del mundo entero. Presentaba la justificación por la fe en el Garante; invitaba a la gente a recibir la justicia de Cristo, que se manifiesta en la obediencia a todos los mandamientos de Dios. Muchos habían perdido de vista a Jesús. Necesitaban dirigir sus ojos a su divina persona, a sus méritos, a su amor inalterable por la familia humana. Todo el poder es colocado en sus manos, y él puede dispensar ricos dones a los hombres, impartiendo el inapreciable don de su propia justicia al desvalido agente humano. Este es el mensaje que Dios ordenó que fuera dado a todo el mundo. Es el mensaje del tercer ángel, que ha de ser proclamado en alta voz y acompañado por el abundante derramamiento de su Espíritu".[1]

Segunda razón, *es el mensaje que desafortunadamente no hemos predicado*. Así lo dice también Elena G. de White; ella escribió: "El mensaje del tercer ángel es la proclamación de los mandamientos de Dios y la fe de Jesucristo. Los mandamientos de Dios han sido proclamados, pero la justicia de Jesús, dándole igual importancia, no ha sido proclamada por los adventistas del séptimo día, haciendo que la ley y el evangelio vayan de la mano. No puedo hallar palabras para presentar este tema en toda su plenitud".[2]

Tercera razón, *es el mensaje que más ignoramos los adventistas del séptimo día*. Elena G. de White advirtió que "la doctrina de la gracia y la salvación por medio de Cristo, es un misterio para una gran parte de los que tienen sus nombres en los libros de la iglesia".[3]

---

[1] Elena G. de White, *Testimonios para los ministros* (Buenos Aires: ACES, 1979), 91.

[2] White, *Mensajes selectos*, 3:195.

[3] Ibid., 213.

Cuarta razón, *es el mensaje al cual el enemigo de Dios, más se opone*. Al respecto, Elena G. de White dijo puntualmente: "Es precioso el pensamiento de que la justicia de Cristo nos es imputada, no por ningún mérito de nuestra parte, sino como don gratuito de Dios. El enemigo de Dios y del hombre no quiere que esta verdad sea presentada claramente; porque sabe que si la gente la recibe plenamente, habrá perdido su poder sobre ella. Si consigue dominar las mentes de aquellos que se llaman hijos de Dios, de modo que su experiencia esté formada de duda, incredulidad y tinieblas, logrará vencerlos con la tentación".[1]

Quinta razón, *es el mensaje para preparar al pueblo para la batalla final*. Elena G. de White apuntó con claridad meridiana: "Revestida de la armadura de la justicia de Cristo, la iglesia entrará en su conflicto final".[2] En esta misma línea, ella dijo: "Se me ha revelado repetidamente que muchos profesos cristianos, en el momento de la prueba final, se sentirán enormemente decepcionados. Muchos, muchos dejarán de proveerse de la justicia de Cristo representada en la parábola del vestido de boda. Han confiado en su propia justicia y no han manifestado la humildad de Jesucristo. Pueden estar sentados a la mesa de la cena con otros, pero Cristo los reconocerá y les dirá: "¿Cómo es que se han presentado sin el traje de boda?"".[3]

Establecida la importancia del tema, hablemos sobre la organización de cada uno de los sermones que componen este libro.

---

[1] Elena G. de White, Obreros evangélicos (Doral, FL: APIA, 1990), 169.

[2] Elena G. de White, *Profetas y reyes* (Mountain View, CA.: Publicaciones Interamericanas, 1979), 535.

[3] Elena G. de White, *The Review and Herald*, September 24, 1908. https://egwwritings.org/?ref=en_RH.September.24.1908.par.6&para=821.29324 Consultado el 25 de enero de 2019. Traducción de Juan Francisco Altamirano.

En **primer lugar,** aparece *el título del sermón* compuesto por solo dos breves palabras. En **segundo lugar**, *la lectura bíblica* que da fundamento al sermón. En **tercer lugar**, se lee *el objetivo principal*. Ésta sección dice en dos líneas la meta que perseguimos lograr con cada una de las secciones del cuerpo del sermón. Es importante tener este objetivo presente como punto de referencia a lo largo de la exposición para ayudarnos a lograrlo con la presentación.

En **cuarto lugar**, *la introducción*; en ésta sección empieza el sermón como tal; parte importante para captar la atención del público para interesarlo en el tema a presentarse. En **quinto lugar**, *el contexto*; quise agregar esta sección a fin de ubicar al sermón en el rompecabezas a donde pertenece de acuerdo al relato bíblico, para darle a la parábola el mejor uso posible, respetando hasta donde más se pueda, el contexto al cual responde y pertenece. En **sexto lugar** hallamos *el cuerpo* del sermón. En ésta sección, siempre vamos a encontrar que el cuerpo del sermón se compone de apenas tres partes para facilitar así el aprendizaje y dominio de las partes del tema. En **séptimo lugar**, el resumen, que no es otra cosa que un breve repaso final de lo que enseñamos a través del sermón. En **octavo lugar**, tenemos *la conclusión*. Con esta parte lo que buscamos es el descenso, ir preparando a la congregación para la última parte del tema. En **noveno lugar**, *el llamado* del sermón. Esta parte escrita es, por supuesto, completamente de carácter sugerente. Se anima al predicador a buscar la dirección del Espíritu Santo y escribir anticipadamente el cierre de su tema con un llamado que apele al corazón de los oyentes a hacer una decisión por el evangelio de nuestro Señor Jesucristo. En **décimo lugar**, *el bosquejo* del sermón. Una manera resumida y didáctica de aprenderse la estructura del mensaje. En **onceavo lugar**, *la ilustración adicional*, como un recurso por si acaso el predicador desea utilizarlo o reemplazarlo por una de las ilustraciones contenidas en el sermón. Y la parte final, en **doceavo lugar**, *la lupa teológica*, ofrece un acercamiento teológico más profundo a algún detalle relacionado al tema del sermón.

Este libro no es un sustituto del estudio personal de la Biblia. Cada expositor podrá adaptar los sermones a su experiencia espiritual, a su personalidad y a su estilo de predicación. Sustituir lo que no le impresione y tomar lo que halle útil. Úselo el predicador como otra de sus herramientas en la preparación de sus sermones para alimentar a la grey del Señor con un *así dice Jehová*.

Si este esfuerzo ayuda al lector a redescubrir las riquezas de la gracia de Jesucristo, entonces *Preciosa gracia* habrá justificado su impresión.

El Cielo entero a tu favor,

Juan Francisco Altamirano
aplantar@gmail.com
Caldwell, Idaho, USA
28 de enero de 2019

"*Frecuentemente se alude* a la brevedad del tiempo como un incentivo para buscar justicia y hacer de Cristo nuestro Amigo.

Para nosotros éste no debería ser el gran motivo, porque tiene sabor a egoísmo.

¿Será necesario que los terrores del día de Dios se tengan que colocar delante de nuestra vista para que nos decidamos a hacer el bien movidos por el temor? Esto no debería ser así. Jesús es atractivo. Está lleno de amor, de misericordia y compasión. Él se ha propuesto ser nuestro Amigo, y caminar con nosotros a través de todos los senderos difíciles de la vida.

Él nos asegura: Yo soy el Señor vuestro Dios; caminad conmigo, y llenaré vuestra senda de luz. Jesús, la majestad del cielo, se propone exaltar a un compañerismo consigo a todos lo que acudan a él con sus cargas, sus debilidades y sus preocupaciones".

(Elena G. de White, *Exaltad a Jesús*, 92).

Sermón 1

Escandalosa gracia

Lectura bíblica base — **Mateo 20:1-16**

Objetivo principal

Enseñar que la gracia de Dios es un regalo inmerecido, para que los oyentes acepten la salvación ⇒— sin pretender obtenerla a cambio de méritos.

Introducción

Te vibra el celular. Ves la pantalla y es el número de tu patrón. Te llamó para pedirte que te presentes a su oficina. Mientras vas, te preguntas qué has hecho para que él te llame. Al llegar allí, está también un compañero que apenas lleva un año en la compañía. Él entra, lo atienden primero, y para su sorpresa le entregan el bono por antigüedad. Cuando él sale, tú le preguntas con las cejas alzadas: ¿Cuánto te dieron? Y él te muestra un cheque escrito con letras mayúsculas por la suma de mil dólares. Tu boca adquiere forma de O. Tratas de relajarte y piensas: si a él le dieron mil dólares por un año de antigüedad, a mí me darán un cheque de veinte mil dólares por mis veinte años de trabajo. Suspiras.

Llega tu turno. Respiras profundo, entras emocionado y te sientas al borde de la silla frente a su escritorio, esperando ver la gran suma. El patrón te dirige palabras de encomio y te entrega tu cheque. Quieres abrirlo, pero no lo haces. Te aguantas. Mejor lo abrazas emocionado sin abrir el sobre. Muy contento sales de la oficina. Y en el pasillo te encuentras con tu colega. Y ahora él te pregunta a ti. Y tú le dices, déjame abrir el sobre. Entonces, lo abres, sacas el cheque sin verlo y se lo muestras orgulloso frente a sus ojos; pero para tu asombro, escuchas que él te dice: "Hey, te dieron lo mismo que a mí". "¡No puede ser!", dices tú. Te sacudes incrédulo de lo que oyes. Y miras el cheque una y otra vez. No puedes creerlo. ¡Han sido veinte años! Entonces lo ves una vez más. "¡Es verdad, debe haber un error!", exclamas mientras regresas a la oficina del jefe.

Tu misión es hacerlo entrar en lógica. Si mil dólares son para alguien con un año laborado, mil no pueden ser para alguien que aguantó sol por veinte años. En tu mente saltan muchas preguntas: ¿En qué fallé? ¿Qué sacrificio me faltó hacer? Le reclamas y le exiges que haga la corrección. A tu colega, por solo un año de trabajo, le dio mil dólares, y a ti, por veinte, te dio lo mismo. Entonces él te dice: "Amigo, en el contrato que firmaste al principio, había una cláusula que decía que los bonos serían por la misma cantidad para todos los trabajadores; por lo tanto, la suma que has recibido es correcta". Entonces tú le dices: "Y ¿por qué a mi compañero tú le diste lo mismo?". A lo que él replica: "Tú puedes hacer lo que quieras con tu dinero, y yo puedo hacer lo que quiera con el mío. Si yo quise darle a él lo mismo que a ti, ¿por qué te preocupas?". Sales desconcertado con la mirada extraviada. En tu mente repites que esto no puede ser justo.

Escandalosa gracia

Tu reacción es normal. Los seres humanos pensamos en términos de mérito-recompensa; pero en la siguiente historia aprenderemos cómo piensa Dios.

El reino de los cielos es semejante a un hombre, padre de familia, que salió por la mañana a contratar obreros para su viña. Y habiendo convenido con los obreros en un denario al día, los envió a su viña. Saliendo cerca de la hora tercera del día, vio a otros que estaban en la plaza desocupados y les dijo: 'Id también vosotros a mi viña, y os daré lo que sea justo'. Y ellos fueron. Salió otra vez cerca de las horas sexta y novena, e hizo lo mismo. Y saliendo cerca de la hora undécima, halló a otros que estaban desocupados y les dijo: '¿Por qué estáis aquí todo el día desocupados?' Le dijeron: 'Porque nadie nos ha contratado'. Él les dijo: 'Id también vosotros a la viña, y recibiréis lo que sea justo'.

Cuando llegó la noche, el señor de la viña dijo a su mayordomo: 'Llama a los obreros y págales el jornal, comenzando desde los últimos hasta los primeros'. Llegaron los que habían ido cerca de la hora undécima y recibieron cada uno un denario. Al llegar también los primeros, pensaron que habían de recibir más, pero también ellos recibieron cada uno un denario. Y al recibirlo, murmuraban contra el padre de familia, diciendo: 'Estos últimos han trabajado una sola hora y los has tratado igual que a nosotros, que hemos soportado la carga y el calor del día'. Él, respondiendo, dijo a uno de ellos: 'Amigo, no te hago ninguna injusticia. ¿No conviniste conmigo en un denario? Toma lo que es tuyo y vete; pero quiero dar a este último lo mismo que a ti. ¿No me está

31

permitido hacer lo que quiero con lo mío? ¿O tienes tú envidia, porque yo soy bueno?' Así, los primeros serán últimos y los últimos, primeros, porque muchos son llamados, pero pocos escogidos (Mateo 20:1-16).

Contexto

La parábola de los obreros de la viña es la parte central de un emparedado. Una pieza del emparedado es Mateo 19:30 y la otra es Mateo 20:16; en resumen, cada pieza dice: "Los últimos serán primeros y los primeros serán últimos".

El Señor Jesús narró esta historia para ampliar la respuesta a la pregunta que el apóstol Pedro había hecho minutos antes (Mateo 19:27): "Entonces Pedro preguntó: 'Nosotros hemos dejado todo, y te hemos seguido, ¿qué, pues, tendremos?'". La pregunta de Pedro surge porque él escuchó la conversación que Jesús tuvo con el joven rico, quien había preguntado algo parecido: "Maestro bueno, ¿qué bien haré para heredar la vida eterna?" (Mateo 19:16).

Cuerpo

En respuesta al dilema de Pedro, que era igual al del joven rico, Jesús presenta la gracia, y nos enseña TRES VERDADES SOBRE LA GRACIA DE DIOS.

Veámoslas:

1. PRIMERA VERDAD: La gracia de Dios es un regalo, no un intercambio. El dueño de la viña les regaló el equivalente a once horas de trabajo en salario a quienes solo habían trabajado una hora. Mateo 20:9 dice: "Vinieron los que habían ido cerca de la hora undécima, y cada uno recibió un denario". El señor de la viña quiso dibujar una sonrisa en los trabajadores de la hora undécima. Un denario era la "moneda romana de plata equivalente al jornal de un obrero".[1] Era costumbre pagar el salario diario para que el obrero, al salir de su jornada, pasara comprando el pan camino a su casa para llevárselo a su familia. Un denario resultaba "ser suficiente para proveer las comidas y necesidades diarias de una familia palestina".[2] No fue poco lo que el dueño de la viña les regaló, si recordamos que cuando "los discípulos de Jesús estimaron que costaría 200 denarios alimentar con pan a 5,000 hombres (Marcos 6:37), es evidente que, de acuerdo con la estimación de los discípulos, un denario alcanzaría para comprar pan para más de 25 personas".[3]

Puedo imaginar la alegría de todos en casa. Papá había ido a trabajar tan solo una hora, y regresó con pan suficiente para una fiesta en el barrio. ¡Qué belleza! ¡Qué encanto! Pero era un regalo para veinticuatro horas; después de ese tiempo, el pan se echaría a perder. No daba para más. Pronto se acabaría. Pero Dios no nos ha dado un regalo limitado; él nos lo dio todo. Leemos en Romanos 8:32: "El que no escatimó ni a su propio hijo, sino que lo entregó por todos nosotros…".

Dios el Padre entregó a su Hijo, lo regaló, sin requerir buenas obras a cambio. Dios nos salva sin

---

[1]Elsa Tamez y I. Foulkes, *Diccionario conciso Griego-Español del Nuevo Testamento* (2da. ed. corregida; Stuttgart: Deutsche Bibelgesellschaft, Sociedades Bíblicas Unidas, 2013), 42.

[2]http://www.biblestudytools.com/commentaries/utley/mateo/mateo20.html. Consultado el 5 de octubre de 2016.

[3]Sigfried H. Horn, A. D. Orrego, eds., *Diccionario bíblico adventista* (R. A. Itín y G. Clouzet, trads.; Buenos Aires: Asociación Casa Editora Sudamericana, 1995), 312.

esperar que le probemos con nuestras obras que somos dignos de recibir su regalo. La gracia y las obras son mutuamente excluyentes en el sentido de la impotencia del hombre para producir su salvación. En Romanos 11:6 leemos: "Pero si es por gracia, ya no es por obras; de otro modo la gracia ya no es gracia".

La palabra *gracia*, cuyo significado literal es regalo, "es uno de los términos más usados en toda la Biblia. En el Nuevo Testamento el término es *charis* y aparece más de 170 veces".[1]

"Gracia" comparte origen etimológico con "gratis", y gratis es gratis. Lo gratuito no es barato. No es a buen precio, tampoco es un trueque; es así no más, solo gratis, de gracia/obsequio.

No importa cuánto nos esforcemos por ser buenos hijos de Dios, él todavía nos salva gratis, solo por su gracia, sin nuestros esfuerzos, gratuitamente. Así de sencillo. No importa lo grande que sea nuestro esfuerzo, nunca podremos ganar ni exigir el amor de Dios. Así de gratis.

"La 'gracia' de Dios significa 'favor inmerecido'. Como definitivamente no podemos ganar el favor de Dios, la única manera en que podemos ser declarados justos es que Dios gratuitamente nos provea la salvación por gracia, totalmente aparte de nuestras obras".[2]

La gracia es "más que la misericordia y mayor que el amor. El amor busca correspondencia,

---

[1] S. V. Ventura, *Nuevo diccionario bíblico ilustrado* (Barcelona: Editorial CLIE, 1985), 434-435.

[2] W. Grudem, *Teología sistemática: Una introducción a la doctrina bíblica* (Miami: Editorial Vida, 2007), 766.

apreciación y respuesta; pero la gracia demanda falta de mérito. La gracia fluye incontenible y sin reservas sobre quienes no tienen una bondad a la que apelar, ni pretensiones que defender. La gracia busca lo impropio e indigno. Es una combinación de amor, misericordia y compasión que se extiende hacia el culpable, el detestable y el rebelde. Es la única esperanza para los pecadores. Si la salvación no fuera por medio de la gracia, nunca podríamos acceder a ella".[1]

¡Qué clase de regalo!

No es un premio.

¡Qué regalo!

No es un logro, no es un intercambio; es eso, un regalo genuino.

No es casualidad "que las palabras 'gracia' y 'gratitud' vengan de la misma raíz griega".[2]

2. **SEGUNDA VERDAD:** *La gracia de Dios es un regalo inmerecido, no un salario.* Los obreros de la hora undécima, quienes habían llegado a las cinco de la tarde, no tuvieron que sufrir el calor y el desgaste del día para merecerse el equivalente al día de trabajo. Por lo tanto, ellos no recibieron un salario, recibieron un regalo inmerecido. La gracia de Dios no da lugar a los méritos del hombre. Leemos en Efesios 2:8: "Por gracia sois salvos por medio de la fe; *y esto no de vosotros*, pues

---

[1] A. W. Pink, *Reflexiones paulinas: Estudios en las oraciones del apóstol* (G. Powell, ed., Gómez, trad.; Bellingham, WA.: Tesoro Bíblico Editorial, 2017), volumen 1.

[2] D. Sizemore, *Lecciones de doctrina bíblica* (B. Marsh & M. Marsh, eds.; S. Calderón, trad.; Joplin, MO.: Literatura alcanzando a todo el mundo, 2012), 3:5.

es don de Dios".[1] El énfasis del apóstol Pablo va más allá al subrayar que "no es por obras, para que nadie se gloríe" (Efesios 2:9).

"El ser humano es el pordiosero que no se merece nada. Ningún pordiosero gana el regalo por algo que haya hecho. El regalo viene del corazón del benefactor generoso. Dios es nuestro Benefactor. Nosotros los pecadores somos pordioseros que no tenemos nada que ofrecer a Dios. Somos salvos completamente por la gracia de Dios, por su amor inmerecido, dado gratuitamente. El pasaje: 'Nos salvó, no por obras de justicia que nosotros hubiéramos hecho, sino por su misericordia' (Tito 3:5) se aplica a cada detalle de nuestra salvación. Nuestro Señor Jesús dijo a sus seguidores: 'No me elegisteis vosotros a mí, sino que yo os elegí a vosotros' (Juan 15:16)".[2]

La gracia de Dios escandaliza, porque la vida en sociedad ha sido cimentada sobre la base del mérito. El empleado del mes es recompensado por su desempeño sobresaliente. Quien quiera un ascenso en su trabajo, tiene que hacer méritos. La compañía aseguradora de automóviles solo podría sorprender con un cheque de regalo si —y solo si— el cliente se lo merece por su récord impecable frente al volante. En cada caso la condición es una sola: tener méritos.

Elena G. de White enfatizó sobre la necesidad de dejar claro que el hombre es incapaz de aportar méritos para ser salvo; leamos:

"No hay punto que precisa ser considerado con más fervor, repetido con más frecuencia o establecido

---
[1] El énfasis en negrita e itálica ha sido agregado.

[2] J. A. Jr. Molstad, *La predestinación: escogido en Cristo* (C. A. Jahn, ed.; C. Schroer, trad.; Wisconsin: Editorial Northwestern, 2009), 59.

con más firmeza en la mente de todos, que la imposibilidad de que el hombre caído haga mérito por sus propias obras, por buenas que éstas sean. La salvación es solamente por fe en Cristo Jesús".[1] Cristo hizo los méritos por nosotros. Punto. Y él nos dio la salvación como un regalo. Punto. Nosotros somos como los obreros de la hora undécima. ¿Cómo es que recibimos lo equivalente a doce horas si solo deberíamos recibir por una hora? La respuesta es solo una. Cristo trabajó las doce horas, y las suyas, trabajadas con "el peso y el calor del día" (Mateo 20:12b), se nos regalan sin merecerlas. Elena G. de White escribió: "Puesto que somos pecadores y malos, no podemos obedecer perfectamente una ley santa. No tenemos justicia propia con qué cumplir lo que la ley de Dios exige. Pero Cristo nos preparó una vía de escape. Vivió en esta tierra en medio de pruebas y tentaciones como las que nosotros tenemos que arrostrar. Sin embargo, su vida fue impecable. Murió por nosotros, y ahora ofrece quitar nuestros pecados y vestirnos de su justicia. Si os entregáis a él y lo aceptáis como vuestro Salvador, por pecaminosa que haya sido vuestra vida, seréis contados entre los justos, por consideración a él. El carácter de Cristo reemplaza el vuestro, y sois aceptados por Dios como si no hubierais pecado".[2]

La pregunta es: ¿Por qué lo hace Jesús? La respuesta aparece al final de la parábola. Cuando los obreros que creían merecerse más, le reclamaron al dueño de la viña, por qué a quienes habían trabajo menos les había dado tanto, el señor, quien aquí representa a Dios, les respondió que si tenían ellos envidia porque

---
[1] Elena G. de White, *Fe y obras* (Doral, FL.: APIA), 16.
[2] Elena G. de White, *El camino a Cristo* (Doral, FL.: APIA, 1996), 92.

él era "bueno". Esta palabra "bueno" (gr. *agathos*), usada por Jesús para referirse a Dios, describe literalmente el carácter de alguien dispuesto a dar y compartir desinteresadamente.

Cuando Jesús fue llamado "bueno" por el joven rico en Mateo 19, él respondió "¿Por qué me llamas bueno? Bueno, solo Dios", (vs. 17). En sentido exclusivo, nadie más es bueno con el hombre, solo Dios; este es el Dios que es bueno con el hombre, a pesar de que éste no merece su bondad.

3. TERCERA VERDAD: *La gracia de Dios es un regalo injusto, no un acto justo*. La decisión del dueño de la viña no fue justa, fue un acto de gracia. Lo justo habría sido que a los trabajadores de la hora undécima les habría dado solo la duodécima parte del salario de un día. El señor de la viña no lo hizo. Dios tampoco lo hace. Dios tuvo que hacer algo injusto para salvarnos. La gracia de Dios es injusta, pero no pecaminosa. No es pecaminosa porque no viola la ley. La ley fue transgredida por nosotros, pero Jesús hizo lo que la ley pedía. La ley te dice: a mí me pagas con la sangre de un justo. La ley no aceptaría la sangre de un injusto. "Sin derramamiento de sangre no hay remisión de pecado" (Hebreos 9:22). Y Jesús dijo: "yo pago". En 1 Pedro 3:18 leemos: "Porque también Cristo padeció una sola vez por los pecados, el justo por los injustos...". Cristo no merece el daño y nosotros no merecemos el regalo. Elena G. de White lo expone en términos inconfundibles: "Cristo fue tratado como nosotros merecemos, a fin de que nosotros pudiésemos ser tratados como él merece. Fue condenado por nuestros pecados, en los que no había participado, a fin de que nosotros pudiésemos ser justificados por su justicia, en la

cual no habíamos participado. Él sufrió la muerte nuestra, a fin de que nosotros pudiésemos recibir la vida suya. 'Por su llaga fuimos nosotros curados".[1]

Parker, por su parte, destaca: "La esencia de la doctrina de la gracia es que Dios es por nosotros. Más aun, él está por nosotros aun cuando nosotros mismos estamos en su contra".[2]

"Porque Cristo, cuando aún éramos débiles, a su tiempo murió por los impíos. Ciertamente, apenas morirá alguno por un justo; con todo, pudiera ser que alguno osara morir por el bueno. Mas Dios muestra su amor para con nosotros, en que siendo aún pecadores, Cristo murió por nosotros" (Romanos 5:6-8).

Dios nos amó primero, por eso nosotros lo amamos a él (1 Juan 4:19). Dios nos eligió primero, él nos llamó antes de que nosotros invocáramos su nombre (1 Pedro 1:2).

¿Y por qué Dios nos otorga su gracia? ¡Excelente pregunta! Las siguientes palabras de Elena G. de White, son la mejor respuesta: "La gracia es un atributo de Dios puesto al servicio de los seres humanos indignos. Nosotros no la buscamos, sino que fue enviada en busca nuestra. Dios se complace en concedernos su gracia, no porque seamos dignos de ella, sino porque somos rematadamente indignos. Lo único que nos da derecho a ella es nuestra gran necesidad".[3]

---

[1] Elena G. de White, *El Deseado de todas las gentes* (Miami, FL.: APIA, 1955), 16.

[2] T. H. L. Parker, "Gracia", en *Diccionario de teología* (E. F. Harrison, G. W. Bromiley, y C. F. H. Henry, eds.; Grand Rapids, MI.: Libros Desafío, 2006), 283.

[3] Elena G. de White, *El ministerio de curación* (Mountain View, CA.: Publicaciones Interamericanas, 1980), 119.

Resumen

En nuestro mensaje de hoy aprendimos tres verdades sobre la gracia de Dios. Repasemos:

Primera verdad:

La gracia de Dios es un regalo, no un intercambio.

Segunda verdad:

La gracia de Dios es un regalo inmerecido, no un salario.

Tercera verdad:

La gracia de Dios es un regalo injusto, no un acto justo.

Conclusión

Se cuenta la conmovedora historia de un niño de la calle, de doce años de edad, que había sido abandonado por sus padres. La prensa relata que a este chico lo capturaron robando en la casa del pastor Rubén García, ministro metodista. Lo sorprendente del relato es que este pastor, en un gesto singular, en vez de acusar al muchacho ante la policía, con el consentimiento de su esposa, pidió la custodia del delincuente con el propósito de adoptarlo como hijo.[1]

Como este joven, tampoco nosotros merecemos que Dios haya escogido amarnos, adoptarnos como sus hijos amados (Efesios 1:4-6).

Llamado

Charles F. Stanley cuenta en su libro *Living the Extraordinary Life* [*Viviendo la vida extraordinaria*], de una estación de radio que informó el robo de un vehículo. La policía estaba haciendo una búsqueda incansable a través de

---

[2]L. Thompson, *El arte de ilustrar sermones* (Miami, FL.: Editorial Portavoz, 2001), 23.

los medios de comunicación porque, en un asiento del auto, el propietario había dejado una caja de galletas rociadas con veneno. Iba a usarlas para matar ratas. Tanto el propietario como la policía necesitaban alcanzar al ladrón, no para recuperar lo robado, sino para salvarle la vida. Irónicamente, el ladrón estaba huyendo de las mismas personas que intentaban ayudarlo.[1]

Algo parecido sucede entre Dios y nosotros. Él nos busca por su Espíritu Santo para salvarnos de la condenación. Sin embargo, muchas veces huimos de los brazos que quieren salvarnos.

Ante tanto despliegue de amor y de gracia, ¿no se nos conmueve también nuestro corazón? Como enemigos de Dios, merecíamos la muerte, y Jesús dio su vida para salvarnos. Lo hizo no solo para librarnos de la muerte. Lo hizo para adoptarnos en su familia.

Sé que hay alguien entre nosotros que quiere entregar su vida a Jesús, como agradecimiento por haber sido salvado sin merecerlo. Yo te invito a pasar acá al frente. Ven, camina, yo voy a tener una oración de entrega por ti.

.

---

[1]Charles F. Stanley, *Living the Extraordinary Life* (Nashville, TN.: Nelson, 2005), 1.

BOSQUEJO DE ESCANDALOSA GRACIA

Lectura bíblica base: Mateo 20:1-16

Punto central: La gracia de Dios es un regalo.

Introducción: A tu compañero le dieron mil dólares por un año de antigüedad y calculabas que a ti te darían un cheque de veinte mil dólares, por tus veinte años de trabajo; pero no, también te dieron un cheque por mil dólares.

Tres verdades sobre la gracia de Dios

1. **Primera verdad:** *La gracia de Dios es un regalo, no un intercambio.*

   Aplicación: La salvación es gratuita, no es barata. No es a buen precio, es así no más, solo gratis, es por gracia, es un obsequio.

   Testimonio personal: _____
   _____
   _____
   _____.

   Apelación: ¿Quieres pedirle al Espíritu Santo que te ayude a aceptar que la salvación es un regalo?

2. **Segunda verdad:** *La gracia de Dios es un regalo inmerecido, no un salario.*

   Aplicación: La salvación no se merece, no hace falta ganarla; la salvación no es un logro nuestro. Somos salvos porque Cristo nos salva por sus méritos.

Ilustración: _____
_____
_____
_____.

Apelación: ¿Quieres decirle a Dios lo muy agradecido que te sientes por el regalo inmerecido de salvarte a través de su hijo Jesucristo, sin tener que darle nada a cambio?

3. **Tercera verdad:** *La gracia de Dios es un regalo injusto, no un acto justo.*

Aplicación: La salvación está basada en el acto injusto que Jesús, el justo, toma el lugar del injusto, para darnos a nosotros el lugar que solo él se merece.

Experiencia personal: _____
_____
_____
_____.

Apelación: ¿Cómo le expresarías a Dios lo muy agradecido que te sientes por el regalo inmerecido de salvarte por medio de su hijo Jesucristo?

Resumen: Hoy aprendimos tres verdades sobre la gracia de Dios basándonos en la parábola de los obreros de la viña; estas tres verdades son:

Primera:

La gracia de Dios es un regalo, no un intercambio.

Segunda:

La gracia de Dios es un regalo inmerecido, no un salario.

Tercera:

La gracia de Dios es un regalo injusto, no un acto justo.

Llamado final: La policía que buscaba al ladrón que huía. No era buscado para condenarlo, lo buscaban para salvarlo de morir envenenado si comía de las galletas rociadas con veneno que habían en el automóvil que había robado. Algo parecido sucede entre Dios y nosotros. Él nos busca por su Espíritu Santo para salvarnos de la condenación. Sin embargo, muchas veces huimos de los brazos que quieren salvarnos. Como enemigos de Dios, merecíamos la muerte, y Jesús dio su vida para salvarnos. Lo hizo no solo para librarnos de la muerte. Lo hizo para adoptarnos en su familia.

Estoy seguro que hay alguien entre nosotros que quiere entregar su vida a Jesús, como agradecimiento por haber sido salvado sin merecerlo.

Yo te invito a pasar acá al frente. Ven, camina, yo voy a tener una oración de entrega por ti.

ILUSTRACIÓN ADICIONAL

❧ ***Descubrieron cierto día*** que un hombre había robado un pan en una tienda. El delito fue denunciado y llegó el día cuando el acusado tuvo que comparecer ante el juez de ese pueblo.

La noticia del juicio corrió rápidamente, y en el día señalado los habitantes del lugar se hicieron presente en la corte para enterarse del veredicto que rendiría el juez. El juez le preguntó al acusado, con cierta solemnidad, si la acusación era verdad, a lo que él respondió que sí, que efectivamente había robado un pan. "¿No sabe usted", le preguntó solemnemente el juez, "que robar está mal, que eso no se hace, que es una violación de la ley?". "Sí, lo sé", respondió tímidamente el acusado.

Antes de aplicar la sentencia, el juez le dio la oportunidad de hablar, sí tenía algo que decir. El pobre hombre respondió que estaba desempleado, y que no tenía en la casa absolutamente nada para darle de comer a sus hijitos. Que en su desesperación robó para darles un pedazo de pan. El juez le respondió que nada justificaba su acción, que robar está mal, que la ley no admite excepciones.

En seguida le informó que debía pagar diez dólares de multa para satisfacer las demandas de la ley violada. Pero tan pronto como anunció la sentencia, el juez llevó su mano al bolsillo, sacó diez dólares, y se los dio para que pagara la multa, lo cual el acusado hizo con asombro y gratitud. Luego el juez levantó la vista y se dirigió a los curiosos que se habían congregado. "¿Saben" —les dijo—, que todos ustedes también son culpables? ¿Cómo pueden vivir tranquilos cuando uno de sus vecinos tiene que robar para poder dar de comer a sus hijos? ¿Dónde está la caridad cristiana? ¡Cincuenta centavos de multa a cada uno por descuido y negligencia!"

La multa que fue recogida en algunos sombreros disponibles, ascendió a la suma de cuarenta y siete dólares. Luego de unas palabras finales, el juez despidió a la gente. Y el hombre de la historia salió de la corte con la deuda pagada y con cuarenta y siete dólares en el bolsillo. Así es nuestro Dios. Pagó nuestra deuda y nos da además "las abundantes riquezas de su gracia" (Efesios 2:7).[1]

---

[1] Atilio Dupertuis, *Lo hizo por ti* (Nampa, ID.: Pacific Press, 2001), 57-58.

LUPA TEOLÓGICA

Significado del término *gracia* en el idioma hebreo

Básicamente, en el idioma hebreo, gracia se expresa mediante al menos cinco vocablos diferentes: (1) Jen (חֵן): del verbo janán, cuyo significado primordial parece ser "inclinarse bondadosamente hacia alguien que inspira compasión" (Génesis 6:8); (2) Jeséd (חֶסֶד): misericordia (Éxodo 20:6); (3) Ratsón (רָצוֹן): agrado, complacencia, buena voluntad,[1] (4) Nâ'êm (נָעֵם): "ser amable", y (5) Jâfêts (חָפֵץ): "complacido".[2]

Si tomamos uno de los términos para ir más a fondo, en el caso del vocablo *Jen*, éste denota un acto desigual. *Jen* procede de la raíz verbal *janán*, (חנן), cuyo significado primordial es "doblarse o inclinarse" en bondad hacia alguien que inspira compasión. El término *janán* se encuentra en el idioma ugarítico antiguo con un significado muy parecido al hebreo bíblico. *Janán* aparece 80 veces en el AT, comenzando por Génesis 6:8. Por lo general, este término sugiere un "favor" que se hace, a menudo inesperado e inmerecido. En este sentido, Dios es la fuente de este "favor" (Génesis 33:11), el cual se percibe sobre todo en su liberación de los enemigos y de los males (Salmos 77:9).

Jen no es un término exclusivamente de uso religioso. Expresa un modo de relaciones sociales marcadas por las diferencias de clase, rango y prestigio. Es básicamente un "favor" del grande hacia el pequeño;

---

[1] Francisco Lacueva, *Diccionario teológico ilustrado* (Barcelona: CLIE, 2001), 304.

[2] *Diccionario bíblico adventista*, 446.

el fuerte socorriendo al débil; por ejemplo, Esaú con Jacob (Génesis 32:6); el faraón con José (Génesis 39:4); Booz con Rut (Rut 2:2; 4:13). Jen designa la inclinación divina a elegir a alguien sin que éste lo merezca.[1]

---

[1] Alfonso Ropero Berboza, "Gracia", en *Gran diccionario enciclopédico de la Biblia* (2ª ed.; Barcelona: Editorial CLIE, 2013), 1051–1052.

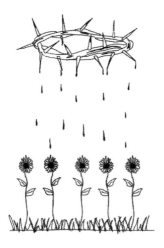

"**No penséis** que si hacéis una resolución en favor de la verdad bíblica, perderéis vuestro puesto. Haréis mejor en perder vuestro puesto que perder a Jesús.

Os será mejor ser participantes de la abnegación del Señor que andar en vuestro propio camino buscando recoger los tesoros de esta vida.

No podéis llevar ninguno de ellos a la tumba. Saldréis de la tumba sin nada, pero si tenéis a Jesús lo tendréis todo.

Él es todo lo que necesitaréis para resistir la prueba del día de Dios, ¿y no es esto suficiente para vosotros?".

(Elena G. de White, *El evangelismo*, 180).

Sermón 2

Gracia perturbadora

Lectura bíblica base — **Lucas 18:9-14**

Objetivo principal

Enseñar que la gracia de Dios abate en el polvo el orgullo del hombre, para que los oyentes acepten que solo Dios hace por el hombre lo que éste no puede hacer ⇝ para salvarse.

Introducción

Nunca antes los círculos empresariales habían presenciado el audaz y próspero desarrollo de una industria con credenciales exclusivamente humanas. Esta es la historia de la fábrica de trajes más reconocida y de mayor fama en el mundo; sus atuendos son codiciados porque al usarlos, los reflectores de la admiración alumbran nuestra apariencia. Es la industria de trajes con el mayor imperio de popularidad que haya tenido la raza humana, con una cadena de sucursales esparcidas en todos los rincones del planeta. Se confeccionan trajes para todas las edades y tamaños de ambos sexos. Hace unos seis mil años sacó sus primeros ejemplares, y desde entonces es la marca que domina el mercado. Su nombre es: "Invenciones humanas". Refleja la astucia del hombre para hacerse ver mejor. Es preferida porque, bajo el manto del barniz de la apariencia, promete solapar inútilmente el orgullo humano.

Si nos imagináramos una pasarela de su marca, veríamos algo como esto:

Toda la iglesia estaba reunida en una mañana de sábado, con el templo abarrotado de gente. Mientras el orador de la ocasión desarrollaba su tema, entraron dos hombres por el pasillo central del templo. El primero de ellos captó en sobremanera la atención de todos los presentes, convirtiéndose en el centro de interés por el traje prolijo y fino que lucía. Sobresalía en el lado izquierdo de la solapa de su saco, una luciente etiqueta de fondo negro y letras doradas con la marca: "Invenciones humanas, S. A". Con pompa y pavoneándose, llegó hasta las primeras bancas del santuario. El asombro se apoderó de todos.

Aquel curioso visitante era un reconocido estudioso de la Biblia con especialidad en el cumplimiento de la moral, del rigor religioso, apegado al hilo de las tradiciones; era un caballero digno de respeto por su florida elocuencia, renombrado dirigente de la iglesia a nivel nacional, y un miembro activo del grupo de los fariseos.

De pronto, tras él, siguió por el pasillo otro creyente. Éste pasó desapercibido por la mayoría y apenas visto por unos pocos; quedó en las últimas bancas de la iglesia y lucía un traje que contrastaba radicalmente con el primero. El suyo era de una categoría poco común, por su marca, trama, tonalidad y estilo. Su traje, aunque sin atractivos externos, fue hecho por la fábrica más auténtica y de verdadera originalidad en el universo. Lo que este segundo cristiano portaba, no podrá ser superado ni uniendo las mejores marcas de trajes fabricadas en el mundo. Con certeza, al cubrirnos con su traje, relucirán en nuestro carácter virtudes como la sencillez, la humildad y la sinceridad de corazón. Esta fábrica también posee su nombre; se llama: "Telares divinos".

Este es su nombre porque no lleva un solo hilo de invención humana. Su exclusividad distingue la superioridad de la gracia de Dios.

Fue el mismo Jesús quien narró este relato a un grupo de hombres que poseían un exagerado amor propio. Es correcto, a un grupo de personas orgullosas de ser religiosas. Leamos en Lucas 18:9-14:

> A unos que confiaban en sí mismos como justos, y menospreciaban a los otros, dijo también esta parábola: Dos hombres subieron al templo a orar: uno era fariseo y el otro publicano. El fariseo, puesto en pie, oraba consigo mismo de esta manera: 'Dios, te doy gracias porque no soy como los otros hombres: ladrones, injustos, adúlteros, ni aun como este publicano; ayuno dos veces a la semana, doy diezmo de todo lo que gano'. Pero el publicano, estando lejos, no quería ni aun alzar los ojos al cielo, sino que se golpeaba el pecho, diciendo: 'Dios, sé propicio a mí, pecador'. Os digo que éste descendió a su casa justificado antes que el otro, porque cualquiera

que se enaltece será humillado y el que se humilla será enaltecido.

Contexto

Se nota que Lucas agrupó esta parábola con otra que tenía que ver con la oración; nos referimos a la parábola del juez y la viuda (Lucas 18:1-8). Ésta recalca la eficacia de la oración persistente o tenaz. La parábola del fariseo y el publicano, en cambio, recalca el peligro de la oración presumida (vv. 9-14). Al enfocar más la lente encontramos que Jesús enseñó la primera parábola a los discípulos (vs. 1), y la segunda, la parábola del fariseo y el publicano, a un grupo en particular: "A unos que confiaban en sí mismos como justos y menospreciaban a los otros, dijo también esta parábola" (vs. 9).

Pareciera ser una historia acerca de dos hombres y sus oraciones, lo que podría llevar a la conclusión que la parábola es esencialmente acerca de la oración, pero no es así; el tema de la parábola es la salvación.

Cuerpo

Los dos personajes, tanto el fariseo como el publicano, tenían mucho en común. Ambos eran hombres. Ambos "subieron al templo para orar". Oraron de pie, según las costumbres de los judíos. Y cada uno comenzó su oración con la misma palabra: "Dios". Pero no solo eso. Ambos creían en el sacerdocio del Antiguo Testamento y en el sistema de sacrificios. Y aunque ambos creían en la necesidad de expiación, no pensaban igual sobre la manera de ser justificados. Aquí entramos al terreno de los contrastes. En respuesta a quienes "confiaban en sí mismos como justos", Jesús presenta, al menos, TRES

CONTRASTES ENTRE SER SALVO POR GRACIA Y PRETENDER SER SALVO POR LAS OBRAS. Veamos:

1. **PRIMER CONTRASTE: *EL CENTRO:*** La salvación por gracia se centra en Jesucristo y su sacrificio; la salvación por obras se centra en el hombre y sus esfuerzos. Esto es sencillo descubrirlo. La oración del fariseo deja ver sin dudas que, como dice el texto, "oraba consigo mismo" (Lucas 18:11). El fariseo oraba para alimentar su orgullo. "La frase *oraba consigo mismo* —literalmente: "oraba estas cosas para sí mismo"— indica que su principal atención estaba dirigida a él mismo. La palabra más significativa de esta oración es el pronombre personal *yo*; yo no soy como los otros hombres, yo ayuno, yo doy diezmos (vs. 12). Posiblemente estaba más consciente de ser escuchado por los hombres que por Dios".[1] Notamos que en tan solo dos versículos (Lucas 18:11, 12) se refiere cinco veces al pronombre en primera persona. Su oración se centraba en sí mismo, porque en la experiencia de salvación del fariseo, el yo —y no Cristo— era su centro vital. El fariseo tenía puestos los ojos en sí mismo para salvarse, no en Cristo. Su gratitud a Dios era nada más un formalismo. No dice, como Pablo: "Por la gracia de Dios soy lo que soy" (1 Corintios 15:10), sino simplemente: "Dios, te doy gracias". ¿Y por qué le da gracias: por lo que Dios ha hecho por él? ¡No! sino por lo que él ha hecho por Dios. Ha venido al templo únicamente para decirle a Dios las muchas y buenas cosas que ha hecho él mismo. De nada le valió; porque "el auto-honor o el honor que uno se aplica a sí mismo no es honor. El único honor que

---

[1] C. L. Childers, *El evangelio según San Lucas* en *Comentario bíblico Beacon: Mateo hasta Lucas* (Lenexa, KS.: Casa Nazarena de Publicaciones, 2010), 6:584.

vale es el que otros nos dan o reconocen. Dios honra a quienes no presumen de títulos a su favor".[1]

Aunque las palabras del fariseo sonaban a: "Dios, te doy gracias". En el fondo no había gratitud alguna hacia Dios. "Quizá nunca se hayan pronunciado palabras de acción de gracias con menos agradecimiento que éstas. Porque el agradecimiento implica el reconocimiento de un don; es decir, el reconocer que nosotros no teníamos lo que hemos recibido, o sea, un sentido de nuestra necesidad personal, o humildad".[2]

Una experiencia cristiana centrada en sí mismo es un verdadero engaño, puesto que, como el fariseo, se asume que la aceptación ante Dios depende de lo que uno hace o deja de hacer ante él.[3]

El espíritu jactancioso del rabinismo era tal que hubo un rabino llamado Simeón Ben Jochai, "quien decía que si hubiera solo dos hombres justos en el mundo, ¡serían él y su hijo; y si solo hubiera uno, sería él!".[4]

La experiencia religiosa centrada en sí mismo se expresa con el ruido, la pompa y la publicidad. "La ley judía no prescribía más que un ayuno obligatorio, el del Día de la Expiación. Pero los que querían ganar méritos ayunaban también todos los lunes y los jueves. Es curioso que esos eran los días de mercado, cuando Jerusalén se llenaba de

---

[1] A. Deiros, *El evangelio que proclamamos* (Buenos Aires: Publicaciones Proforme, 2008), 145.

[2] A. Edersheim, *Comentario bíblico histórico* (G. Grayling y X. Vila, trads.; Barcelona: Editorial CLIE, 2009), 1094.

[3] W. W. Wiersbe, *Valientes en Cristo: Estudio expositivo del Evangelio según Lucas capítulos 14–24* (Sebring, FL.: Editorial Bautista Independiente, 2005), 64.

[4] Edersheim, *Comentario bíblico histórico*, 1094.

campesinos. Los que ayunaban se ponían polvos para parecer más pálidos, y se vestían con cuidadoso descuido y salían a la calle para que los viera el público".[1]

Por otro lado, la oración del publicano fue corta. Cuando una persona es humilde ante Dios, las palabras salen sobrando. La oración del publicano fue sincera, porque era la oración de un penitente. Él se dirige a Dios, a nadie más. No a él, sino a quien puede salvarlo: Dios. No obstante, en su oración también aparece el "yo", como en el caso del fariseo. Pero observemos que el publicano "utilizó el pronombre personal —una sola vez—, pero no en nominativo. No se consideraba un *sujeto* que hubiera hecho o que podía hacer algo para ganar el favor divino, y ni siquiera con derecho para dirigirse a Dios. Se consideraba un *objeto* necesitado de la gracia divina: 'Dios, sé propicio a mí, pecador'".[2]

"La oración del publicano es una de las más cortas de toda la Biblia, y una de las más preciosas y convincentes delante de Dios, pues él no se complace en las vanas palabrerías (Mateo 6:7; 1 Timoteo 1:6; 2 Timoteo 2:16). Él solo atinó a decir: *Dios, sé propicio a mí, que soy pecador* (v. 13). Es posible escribir una tesis doctoral sobre aquella oración, aunque la misma fue corta. Hay tres partes bien definidas en ella: (1) El publicano sabía bien a quién había ido a buscar en el templo: a *Dios*; el fariseo apenas lo mencionó, pues hablaba consigo mismo. El publicano no fue a justificarse delante de los hombres, fue a buscar la misericordia de Dios. (2)

---

[1] W. Barclay, *Comentario al Nuevo Testamento* (Barcelona: Editorial CLIE, 2006), 343.

[2] John Stott, *Las controversias de Jesús* (O. de Hussey, trad.; Barcelona: Publicaciones Andamio, 2011), 126.

Lo único que pide es que Dios haga propiciación, misericordia, expiación de él. Confesó que solo por la misericordia de Dios podía obtener perdón. Su única petición es de perdón. (3) Reconoce cuál es su real identidad delante de Dios: *soy pecador*. Estaba consciente de la necesidad de misericordia por su pecado. Su oración estaba basada en el sacrificio de Dios, y no en sus propios méritos. En otras palabras, le ha dicho a Dios: 'Sé tú mi justicia' (sé propicio a mí, Salmos 51:17-19). En contraste, el fariseo había expuesto públicamente un currículo impresionante, humillando al publicano. La única realidad válida del ser humano ante Dios es que es pecador. No tenemos ningún mérito delante de la santidad de Dios".[1]

No hay duda, nuestra necesidad es la salvación de Cristo. Necesitamos más de Jesús, el Salvador del mundo. La primera estrofa del himno #445 del Himnario Adventista contiene esta plegaria: "Más de Jesús deseo saber, más de su gracia conocer, más su salvación gozar, más de su dulce amor gustar". Elena G. de White, por su parte, también dirige nuestra atención a Jesús en las siguientes palabras: *"Los adventistas del séptimo día debieran destacarse entre todos los que profesan ser cristianos, en cuanto a levantar a Cristo ante el mundo.* La proclamación del mensaje del tercer ángel exige la presentación de la verdad del sábado. Esta verdad, junto con las otras incluidas en el mensaje, ha de ser proclamada; pero el gran centro de atracción, Cristo Jesús, no debe ser dejado a un lado. Es en la cruz de Cristo donde la justicia y la paz se besan. El pecador debe ser inducido a

---

[1] J. C. Cevallos, y R. O. Zorzoli, *Lucas, Comentario bíblico mundo hispano* (El Paso, TX.: Editorial Mundo Hispano, 2007), 275-276.

mirar al Calvario; con la sencilla fe de un niñito, debe confiar en los méritos del Salvador, aceptar su justicia, creer en su misericordia".[1]

2. **Segundo contraste: el método.** *La salvación por gracia justifica por la fe; la salvación por obras pretende justificar por la buena conducta.* Ahora hemos llegado a la palabra más importante de la parábola; el vocablo es "justificado". Aparece en el versículo 14, donde Jesús concluye: "Os digo que éste descendió a su casa justificado antes que el otro".

La pregunta es: ¿Por qué el fariseo no salió justificado, si había hecho bien todas las buenas obras que mencionó ante Dios? Job expresó el problema con exactitud cuando preguntó: "¿Y cómo se justificará el hombre con Dios?" (Job 9:2).

No es que el fariseo no creía en la necesidad de ser justificado; él sí creía. La diferencia estaba en el método.

Hay más de un método para ser justificado; mejor dicho, para pretender ser justificado. En el capítulo 3 de Génesis hallamos distintas formas como nuestra naturaleza pecaminosa busca justificarse. Nos referimos a las siguientes: *por razonamiento, por negación, por culpar a otros,* y además *por compararse con otros.* Cuando Satanás tentó a Eva, ella justificó su pecado con razonamiento. Ella vio que 'el árbol era bueno para comer, agradable a los ojos y deseable para alcanzar la sabiduría' (Génesis 3:6). Otro método por el que intentamos justificarnos es por la negación. Adán y Eva cosieron hojas de higuera para cubrir sus cuerpos. Luego trataron de esconderse de

---

[1] Elena G. de White, *Exaltad a Jesús* (Silver Spring, MD.: Ellen G. White Estate, 2012), 156. Lo destacado en negrita e itálica, ha sido agregado.

Dios entre los árboles del huerto y de fingir que no había pasado nada. El culpar a otros es el tercer medio por el cual la mente impía del hombre busca justificarse a él mismo. Observemos la respuesta de Adán cuando Dios lo confrontó por su pecado cometido en el huerto: "La mujer que me diste por compañera, me dio del árbol" (Génesis 3:12). Adán realmente estaba culpando a dos personas: a Eva y a Dios. Hay un método humano más por el que algunos intentan justificarse a sí mismos. Este es el justificarse comparándose con otros. Este fue el medio por el cual el fariseo buscó justificarse a sí mismo ante Dios: "Dios, te doy gracias porque no soy como los otros hombres: ladrones, injustos, adúlteros, ni aun como este publicano; ayuno dos veces a la semana, doy diezmo de todo lo que gano" (Lucas 18:11-12).[1]

El fariseo tenía uno de los métodos humanos para ser justificado; por eso salió del templo peor que como había entrado. En cambio, el publicano salió justificado porque su justificación vino de Dios, no de él. ¿Pero qué significa "justificado"? "Justificado quiere decir 'declarado justo'. Es un término legal que significa que se ha destruido toda la evidencia y que no hay constancia de que hayamos pecado. También significa que Dios ya no conserva un historial de nuestros pecados (Salmos 32:1–4; Romanos 4). En lugar de eso, él pone a nuestra cuenta la rectitud y justicia de Cristo (2 Corintios 5:21).

Todo lo cual es por la misericordia de Dios (Lucas 18:13) y no por los méritos del hombre. Somos

---

[1]W. D. Mueller, *La justificación: Cómo perdona Dios* (C. A. Jahn, ed.; C. Schroer, trad.; Milwaukee, WI.: Editorial Northwestern, 2004), 23–24.

justificados por fe, solamente (Romanos 5:1-5)".[1]

Justificar significa declarar justo. Tanto la palabra hebrea —*sadaq*— como la griega —*dikaioo*— significan anunciar o pronunciar un veredicto favorable, declarar justo. El concepto no significa hacer justo, sino atribuir justicia.[2]

Elena G. de White pregunta y responde: "¿Qué es la justificación por la fe? Es la obra de Dios que abate en el polvo la gloria del hombre, y hace por el hombre lo que éste no puede hacer por sí mismo".[3]

Las siguientes cuatro aclaraciones sobre la justificación que encontramos en Romanos 3:21-27, confirman que, efectivamente, la justificación "abate en el polvo la gloria del hombre, y hace por el hombre lo que éste no puede hacer por sí mismo". Veamos cada una.

Primera aclaración: la fuente de la justificación es Jesucristo. Leemos en Romanos 3:21: "Pero ahora, aparte de la ley, se ha manifestado la justicia de Dios, testificada por la ley y los profetas". Es interesante que el texto en griego dice: "aparte de ley", sin el artículo *la*, aclarando así que la justificación en Jesucristo es aparte de toda ley, aparte de toda complicación legal.

Segunda aclaración: el medio para recibir la justificación es la fe. El Nuevo Testamento nunca dice que somos salvos a causa de la fe. En cambio, leemos en Romanos 3:22 que recibimos la salvación, es decir, "la justicia de Dios por medio de la fe en

---

[1] W. W. Wiersbe, *Bosquejos expositivos de la Biblia: Antiguo y Nuevo Testamento* (electronic ed., Luc. 18.9-17). (Nashville, TN.: Editorial Caribe, 1995).

[2] C. C. Ryrie, *Teología básica* (Miami: Editorial Unilit, 2003), 339.

[3] White, *Testimonios para los ministros*, 456.

Jesucristo, para todos los que creen en él. Porque no hay diferencia".

Tercera aclaración: *el precio de nuestra justificación se pagó con la sangre de Jesucristo*.
Dice Romanos 3:24-25: "Siendo justificados gratuitamente por su gracia, mediante la redención que es Cristo Jesús, a quien Dios puso como propiciación por medio de la fe en su sangre, para manifestar su justicia, a causa de haber pasado por alto, en su paciencia, los pecados de muchos". A nosotros el beneficio nos llega gratuitamente; aún más, sin alguna causa en nosotros, por lo tanto, nos llega por su gracia, su gracia sola.

Cuarta aclaración: *el pronunciamiento de la justificación es declarar justo al pecador*.
"La justicia de Cristo que nos es imputada no solo cumple las demandas de Dios, sino que también demanda que Dios nos justifique".[1] Así lo afirma Romanos 3:26: "Con la mira de manifestar en este tiempo su justicia, a fin de que él sea el justo, y el que justifica al que es de la fe de Jesús".

3. **Tercer contraste: *el fruto*.** *La salvación por gracia mejora las relaciones; la salvación por obras, perjudica las relaciones*. Recordemos que, de acuerdo con Lucas 18:9, la parábola del fariseo y el publicano fue contada por Jesús "a unos que confiaban en sí mismos como justos, y menospreciaban a los otros". ¡Ojo! subrayemos esas cuatro palabras: **"menospreciaban a los otros"**. La palabra griega traducida como 'menospreciaban' en el versículo 9 es *exoutheneō*, un vocablo que solo se usa una vez más en los Evangelios, en Lucas 23:11,

---
[1] Ryrie, *Teología básica*, 341.

donde dice: "Entonces Herodes con sus soldados le menospreció y escarneció [a Jesús], vistiéndole de una ropa espléndida". La palabra expresa el más elevado tipo de vulgar y mordaz escarnio, abierto desprecio, ridículo, burla y sarcasmo. Los fariseos eran propensos a tratar a los demás de esa manera. Estaban tan inmersos en su estilo característico de la piedad de ser más santos que los otros, que ellos realmente veían su total desprecio hacia los demás como un símbolo de su propia justicia. Esta palabra griega, *exouthenéo*, está compuesta por la combinación de la preposición *ex* ('fuera de') con la palabra *outhen* ('nada' o 'sin valor'). Los fariseos creían que cualquiera persona fuera de su círculo de discípulos no servía para nada. Mientras más notorio era el pecado de una persona, más despreciada era para los fariseos.[1]

La actitud del justificado por la gracia de Dios contrasta con la actitud del fariseo. Volvamos a leer la breve oración del publicano, pero ahora hagámoslo de acuerdo con el texto griego; Lucas 18:13, se lee así: "Dios, sé propicio a mí *el* pecador". Detalle importante: "el pecador". Usa el artículo definido "el". El publicano usó el artículo definido "para indicar que él se sentía como si fuera el único pecador. No solo —como ha manifestado muy bien Bengel— 'no piensa en nadie más'. En contraste con el fariseo que consideraba a todos los demás, con excepción de él mismo, como un pecador, el publicano consideraba a los demás justos comparados con él '*el* pecador'".[2] En el texto griego está el artículo definido, lo cual indica que

---

[1] J. Jr. MacArthur, *Parábolas* (Nashville, TN.: Grupo Nelson, 2015), 114.

[2] Edersheim, *Comentario bíblico histórico*, 1095.

el publicano se creía no tan solo *un* pecador común como los demás, sino *el* pecador, ya que consideraba su condición como algo especialmente grave.[1] La actitud del publicano es la correcta. Quien ve su propia condición como la más grave, no se considera superior a otros para elevarse en juez sobre los demás.

Es curioso que Jesús haya utilizado la figura del publicano para enseñar a los fariseos una lección de relaciones humanas. Seguro que ellos ardían de odio al oír lo que Jesús les decía. El publicano era un ser odiado entre los judíos. El publicano que Jesús presenta no mira a los demás con desprecio. Él desprecia su condición. Por su parte, el fariseo sí menosprecia al publicano. Pero el fariseo no es el único. "El orgullo, el engreimiento y una tendencia a mirar a los demás por encima del hombro considerándoles ignorantes, ciegos e inferiores a nosotros mismos son errores que cometen especialmente muchas personas convertidas".[2]

Solo una correcta relación con Dios nos pone en correcta relación con nuestros semejantes. ¿Por qué el fariseo menospreciaba a los demás? Porque "en lugar de compararse con la perfecta norma de Dios y de ver cuán pecaminoso era él en realidad, se comparaba con otros en la comunidad y se enorgullecía de que era mejor".[3]

Cuando el centro de la experiencia cristiana es Jesucristo, y no el hombre mismo, el resultado es

---

[1]S. R. Fricke *Las parábolas de Jesús: Una aplicación para hoy* (El Paso, TX.: Editorial Mundo Hispano, 2005), 141.

[2]J. C. Ryle, *Meditaciones sobre los evangelios: Lucas* (E. F. Sanz, trad.; Moral de Calatrava, España: Editorial Peregrino, 2002–2004), 2:298.

[3]W. MacDonald, *Comentario bíblico de William MacDonald: Antiguo Testamento y Nuevo Testamento* (Barcelona: Editorial CLIE, 2004), 643.

armonía, consideración y unidad. El rechazo de nuestros semejantes es síntoma de algo más grave: nuestro alejamiento de Jesucristo. Elena G. de White no pudo haber sido más precisa que cuando escribió estas sabias palabras: "¿Cuáles son las causas de las disensiones y las discordias? Es el resultado de vivir sin relacionarnos con Cristo. Al alejarnos dejaremos de amarlo y, como consecuencia, se enfriarán nuestras relaciones con otros seguidores del Maestro. Cuanto más lejos se retiran los rayos de luz de su centro, tanto mayor será la distancia que separará al uno del otro. Cada creyente es un rayo de luz de Cristo, el Sol de Justicia. Cuanto más cerca estemos de Jesús, el centro de luz y amor, más intenso será nuestro afecto por los otros portadores de la luz. Cuando los santos permiten que Cristo los atraiga, mayor será la necesidad de sentirse cerca el uno del otro por la santificadora gracia del Señor que ata sus corazones. No podemos decir que amamos a Dios si fallamos en amar a nuestros hermanos".[1]

Resumen

En nuestro mensaje aprendimos tres contrastes importantes entre la gracia de Dios y la pretensión de la salvación por las obras. Repasemos:

Primer contraste: EL CENTRO. *La salvación por gracia se centra en Jesucristo y su sacrificio; la salvación por obras se centra en el hombre y sus esfuerzos.*

Segundo contraste: EL MÉTODO. *La salvación por gracia justifica por la fe; la salvación por obras pretende justificar por la buena conducta.*

---

[1] Elena G. de White, *Recibiréis poder* (Silver Spring, MD.: Ellen G. White Estate, 2012), 89.

Tercer contraste: EL FRUTO. *La salvación por gracia mejora las relaciones; la salvación por obras, perjudica las relaciones.*

Conclusión

Un antiguo relato habla del hombre que conversó con el ángel Gabriel en la puerta del cielo.

—He aquí cómo funciona esto —dijo el ángel—. Usted necesita cien puntos para entrar al cielo. Dígame todas las cosas buenas que ha hecho, y yo le daré cierta cantidad de puntos por cada una. Mientras más bien haya en la obra que usted cita, más puntos obtendrá por ella. Cuando tenga cien puntos, entra.

—Está bien —comentó el hombre—. Estuve casado con la misma mujer por cincuenta años y nunca la engañé, ni siquiera de corazón.

—Eso es maravilloso —manifestó Gabriel—. Vale tres puntos.

—¿Tres puntos? —expresó el hombre con incredulidad—. Bien, asistí a la iglesia toda la vida, y apoyé su ministerio con dinero y servicio.

—¡Increíble! —dijo Gabriel—. Eso, por supuesto, vale un punto.

—¿Un punto? —contestó el hombre, mientras sus ojos empezaban a mostrar un poco de pánico—. Bueno, qué tal esto: abrí un refugio para desamparados en mi ciudad, y alimenté en los días festivos a centenares de personas necesitadas.

—Fantástico, eso vale dos puntos más —dijo el ángel.

—¡DOS PUNTOS! —lloró el hombre con desesperación. A este paso la única manera de entrar en el cielo es por la gracia de Dios.

—¡Entre! —ordenó Gabriel.[1]

Llamado

La salvación es gratuita pero no barata. Costó el sacrificio del Hijo de Dios. Jesús arriesgó su eternidad por salvarnos a ti y a mí. ¿Dónde hallarás un amor más grande que el suyo? No lo hay, ni lo habrá. Tal vez haya alguien que se atreva a dar su vida por un ser humano bueno. Sin embargo, Jesús dio su vida por ti.

Cristo se entregó para salvarte, sin pedirte nada a cambio. Tu corazón oye su voz para corresponderlo. Sé que hay entre nosotros alguien que quiere entregar su vida a Jesús. Yo voy a orar por ti en este momento. Levanta tu mano donde estés sentado. Ahora camina al frente. Ven, camina, yo voy a tener una oración de entrega por ti.

---

[1]Adaptado de Bryan Chapell, *Holiness by Grace* (Wheaton, IL.: Good News Publishers, 2001), 22-23.

BOSQUEJO DE GRACIA PERTURBADORA

Lectura bíblica base: Lucas 18:9-14.

Punto central: La gracia de Dios abate en el polvo el orgullo humano a fin de salvarlo.

Introducción: Dos adoradores llaman la atención. Uno se pavonea mostrando con orgullo un traje de invención humana, y el otro elige pasar desapercibido, vestido de un traje de creación divina. El traje de éste no lleva un solo hilo de invención humana. La superioridad de la gracia de Dios basta para vestirse.

Tres contrastes entre ser salvo por gracia y pretender ser salvo por las obras

1. **Primer contraste: EL CENTRO.** La salvación por gracia se centra en Jesucristo y su sacrificio; la salvación por obras se centra en el hombre y sus esfuerzos.

   Aplicación: Fue Martín Lutero quien una vez dijo: "Mientras más me veo a mí mismo, veo imposible salvarme; mientras más miro a Jesús, veo imposible perderme".

   Testimonio personal: _____
   _____
   _____
   _____.

   Apelación: ¿Quieres pedirle al Espíritu Santo que te ayude a mantener tus ojos fijos en Cristo, y no en ti, ni en tu condición humana?

2. **Segundo contraste: EL MÉTODO.** *La salvación por gracia justifica por la fe; la salvación por obras pretende justificar por la buena conducta.*

   Aplicación: La salvación no excluye las buenas obras. Las incluye. Solamente que son las buenas obras de Cristo, las únicas obras libres de egoísmo, y únicas aceptables para salvarnos.

   Ilustración: _____

   _____

   _____

   _____.

   Apelación: ¿Quieres decirle a Dios que reconoces que tus obras, por muy buenas que ellas sean, no califican para salvarte porque todo lo que hacemos está manchado de nuestro egoísmo?

3. **Tercer contraste: EL FRUTO.** *La salvación por gracia mejora las relaciones; la salvación por obras, perjudica las relaciones.*

   Aplicación: La mejor evidencia de una persona que goza de la salvación en Cristo es su trato respetuoso, digno, misericordioso y compasivo, hacia los demás.

   Experiencia personal:

   _____

   _____

   _____

   _____.

   Apelación: ¿Qué tal si desde hoy en adelante tratas a los demás con la paciencia, con la consideración y la misericordia, con las que Cristo te ha tratado?

Resumen: Hoy aprendimos tres contrastes importantes entre la gracia de Dios y la pretensión de la salvación por las obras; estos son:

Primero: EL CENTRO. *La salvación por gracia se centra en Jesucristo y su sacrificio; la salvación por obras se centra en el hombre y sus esfuerzos.*

Segundo: EL MÉTODO. *La salvación por gracia justifica por la fe; la salvación por obras pretende justificar por la buena conducta.*

Tercero: EL FRUTO. *La salvación por gracia mejora las relaciones; la salvación por obras, perjudica las relaciones.*

Llamado final: El diálogo ocurre entre un cristiano y el ángel Gabriel. El caballero pretende salvarse basado en su méritos, pero estos son insuficientes. El hombre se frustra por lo pobre que son valorados sus esfuerzos, y finalmente estalla mientras reconoce: "¡A este paso la única manera de entrar en el cielo es por la gracia de Dios!". Entonces él ángel le dice: ¡Entre!

¿Dónde hallarás un amor más grande que el de Cristo? No lo hay, ni lo habrá. Tal vez haya alguien que se atreva a dar su vida por un ser humano bueno. Sin embargo, Jesús dio su vida por ti. Él se entregó para salvarte, sin pedirte nada a cambio. Levanta tu mano por quien abrió sus brazos por ti en la cruz del Calvario. Acepta su salvación, es tuya por la fe. Ven al frente, te invito a orar juntos.

ILUSTRACIÓN ADICIONAL

❧ ***El Dr. Leonard Zunin,*** en su libro *Contact: The First Four Minutes* (*Contacto: Los primeros cuatro minutos*), describe una costumbre interesante de una de las tribus del sur de África, sobre el trato a quien ha cometido alguna falta de carácter moral.

Cuando una persona (entre las tribus de Babemba) actúa de manera irresponsable o injusta, se la coloca en el centro de la aldea, sola y sin restricciones. Todo el trabajo cesa, y cada hombre, mujer y niño en el pueblo se reúnen en un gran círculo alrededor del individuo acusado. Luego, cada persona de la tribu, independientemente de su edad, comienza a hablar en voz alta al acusado, una a la vez, sobre todas las cosas buenas que la persona en el centro del círculo ha hecho en su vida. Cada incidente, cada experiencia que puede ser recordada con cualquier detalle y precisión es relatada.

Todos sus atributos positivos, buenas obras, bondades y fortalezas se recitan cuidadosamente y en detalle. El proceso a veces dura varios días y concluye con una gran celebración en la que la persona es recibida nuevamente como parte de la tribu.———❧

LUPA TEOLÓGICA

Implicación de la expresión: *"Dios, sé propicio a mí, pecador"* (Lucas 18:13).

De alguna manera, el Samaritano penitente le está pidiendo a Dios que ponga sobre él una "tapadera", una "cubierta", para cubrir sus pecados. En realidad, es una alusión a la "tapadera" que había sobre el arca del pacto, conocida como el "propiciatorio", llamada *caporet* en hebreo, término con el que se designa la plancha de oro que sostenía los querubines sobre el arca del pacto (Éxodo 25:17–22). La petición del Samaritano: "sé propicio", era en un gran sentido una alusión a lo que ocurría en el lugar Santísimo del santuario terrenal en ocasión del Gran Día de la Expiación, festividad anual en la que Aarón rociaba siete veces sobre el propiciatorio la sangre del cordero sacrificado, símbolo de la sangre de Cristo, para purificar el santuario de las impurezas del pueblo (Levítico 16:14). La cubierta o propiciatorio era entonces una representación, un prototipo de la obra de Cristo. De ahí que el apóstol Pablo dijo en Romanos 3:25, en relación a Jesús: "a quien Dios puso como propiciación por medio de la fe en su sangre, para manifestar su justicia, a causa de haber pasado por alto, en su paciencia, los pecados pasados".[1]

En el mundo pagano de los países vecinos del pueblo de Israel, se usaban estas palabras (*caporet* en hebreo, *hilasterion* en griego), para referirse a las

---
[1] W. M., Nelson y J. R., Mayo. "Propiciatorio" en *Nuevo diccionario ilustrado de la Biblia* (Nashville, TN.: Editorial Caribe, 1998).

ofrendas con las que se pretendía hacer propicios/misericordiosos a los dioses, aplacando su ira. Este uso de la palabra es ajeno a la Biblia con respecto a Dios. Nunca se requiere ningún acto por medio del cual el hombre haga a Dios propicio. Para nada. Contraria a dicha práctica pagana, Dios no requiere ser aplacado, puesto que él mismo proveyó "la cubierta" por medio del sacrificio de su propio Hijo Jesucristo, quien es "la propiciación por nuestros pecados; y no solamente por los nuestros, sino también por los de todo el mundo" (1 Juan 2:2).[1]

---

[1] Francisco Lacueva, "Propiciación" en *Gran diccionario enciclopédico de la Biblia* (2ª ed.; Barcelona: Editorial CLIE, 2013), 2030.

"*El exaltado Salvador ha de aparecer en su obra eficaz como el Cordero inmolado, sentado en el trono, para dispensar las inapreciables bendiciones del pacto, los beneficios que pagó con su vida a favor de toda alma que había de creer en él. Juan no pudo expresar ese amor en palabras porque era demasiado profundo, demasiado ancho e invitó a la familia humana a contemplarlo. Cristo está intercediendo por la iglesia en los atrios celestiales, abogando en favor de aquellos por quienes pagó el precio de la redención con su propia sangre. Los siglos y las edades nunca pueden aminorar la eficacia de este sacrificio expiatorio. El mensaje del evangelio de su gracia tenía que ser dado a su iglesia con contornos claros y distintos, para que el mundo no siguiera afirmando que **los adventistas del séptimo día hablan mucho de la ley, pero no predican a Cristo, ni creen en él**".*

(Elena G. de White, *El evangelismo*, 143.
El énfasis en itálica y en negrita ha sido agregado).

Sermón 3

Gracia festiva

Lectura bíblica base — **Mateo 22:1-14**

Objetivo principal

Enseñar que la gracia de Dios ofrece el traje de boda para admitirnos a la vida eterna, y motivar a los oyentes ⇢— para aceptar vestirse del traje de la justicia de Cristo.

Introducción

Imagínate que vives en un pueblo de tan solo 211 habitantes y 42 casas. Quieres invitarlos a todos para que lleguen a la fiesta de quince años de tu hija. Grabas una invitación en vídeo, la subes a *YouTube* y la compartes con tus conocidos para que confirmen la asistencia al evento. En asunto de horas, más de un millón de personas expresan a través de las redes sociales su deseo de formar parte de esa histórica fiesta quinceañera. ¿Qué haces? Esto fue un hecho real. Sucedió en un pueblo llamado La Joya, en el estado de San Luis Potosí, México. Los padres decidieron desinvitar al millón de personas que habían afirmado su deseo de asistir. Ellos siempre quisieron que el evento fuera una celebración familiar, solo entre sus conocidos de La Joya.

Desde luego que si alguien organiza una fiesta y acude gente a la que no invitó, y muchos de ellos son desconocidos en la familia, se sentirá en serios apuros, hasta incómodo, y con la necesidad de limitarse a atender a quienes sí invitó a la fiesta.

La salvación es también una fiesta de la victoria de Cristo por nosotros en la cruz. La invitación es para todos, pero no todos responden. Jesús narró una parábola que se conoce como "La parábola de la fiesta de bodas", en la que se presentó alguien que no lucía familiar por el vestido que usaba. Leamos en Mateo 22:1-14:

> Respondiendo Jesús, les volvió a hablar en parábolas, diciendo: El reino de los cielos es semejante a un rey que hizo fiesta de bodas a su hijo; y envió a sus siervos a llamar a los convidados a las bodas; mas éstos no quisieron venir. Volvió a enviar otros siervos, diciendo: Decid a los convidados: He aquí, he preparado mi comida; mis toros y animales engordados han sido muertos, y todo está dispuesto; venid a las bodas. Mas ellos, sin hacer caso, se fueron, uno a su labranza, y otro a sus negocios; y otros, tomando a los siervos, los afrentaron y los mataron. Al oírlo el rey, se enojó; y enviando sus ejércitos, destruyó a aquellos homicidas, y quemó su ciudad. Entonces dijo a sus siervos: Las bodas a la verdad están preparadas; mas los que fueron convidados no eran dignos. Id, pues, a las salidas de los caminos, y

llamad a las bodas a cuantos halléis. Y saliendo los siervos por los caminos, juntaron a todos los que hallaron, juntamente malos y buenos; y las bodas fueron llenas de convidados. Y entró el rey para ver a los convidados, y vio allí a un hombre que no estaba vestido de boda. Y le dijo: Amigo, ¿cómo entraste aquí, sin estar vestido de boda? Mas él enmudeció. Entonces el rey dijo a los que servían: Atadle de pies y manos, y echadle en las tinieblas de afuera; allí será el lloro y el crujir de dientes. Porque muchos son llamados, y pocos escogidos.

Contexto:

La parábola de la fiesta de bodas es la última de un grupo de tres. Las dos anteriores son la parábola de los dos hijos (Mateo 21:28-32), y la parábola de los labradores malvados (Mateo 21:36-43). La que corresponde a nuestro estudio hoy, es una ilustración que continúa el tema de las dos anteriores: el reemplazo de quienes rechazan la invitación divina, por quienes están dispuestos a aceptar su invitación. Entre la introducción (22:1) y la conclusión (22:14), la parábola de nuestro sermón está construida en tres escenas. La primera (22:2-7) consta de dos invitaciones a la boda del hijo del rey y las respuestas negativas de los invitados. La segunda parte de la parábola (22:8-10) consiste en la invitación al banquete y la respuesta positiva de los nuevos invitados. Y la tercera escena (22:11-13) tiene que ver con la presencia del rey en el banquete y el juicio contra un invitado vestido inadecuadamente. Esta escena puede interpretarse como una alusión al juicio, cuando la justicia de cada cual será revelada.

Cuerpo

El tema de hoy está basado en la tercera escena. La invitación del evangelio se ha dado, los invitados han acudido, pero hay un solo problema: un invitado no está vestido apropiadamente. Basándonos en esta parábola de Jesús podemos contestar TRES PREGUNTAS IMPORTANTES SOBRE EL VESTIDO DE BODA. Las preguntas son: 1- ¿Qué representa el vestido de boda? 2- ¿Quién provee el vestido de boda? 3- ¿Para qué sirve el vestido de boda? Veamos ahora las respuestas:

1. **PRIMERA PREGUNTA:** *¿Qué representa el vestido de boda?* La discusión teológica intenta aclarar si el vestido de boda simboliza la justicia de Cristo que se imputa al individuo, o si se refiere a que el hombre debe obtener algo por sí mismo para estar en la presencia del Dios santo.[1]

   No hay razón para la duda. El apóstol Pablo insta con certeza a los cristianos en Romanos 13:14: "Vestíos del Señor Jesucristo". Notamos con claridad meridiana que de quien hay que vestirnos, es de Cristo, no de nosotros, ni de nuestras obras. En Gálatas 3:27 el apóstol Pablo también escribió: "porque todos los que han sido bautizados en Cristo, se han revestido de Cristo".[2] Si el apóstol llama a sus lectores a vestirse de Cristo, entonces el vestido solamente puede representar la justicia de Cristo. Nada más, de nadie más.

   Por su parte, Elena G. de White, escribió: "El vestido de boda de la parábola representa el carácter puro y

---

[1] L. Fine, "Vestido de boda" en *Diccionario teológico Beacon* (R. S. Taylor, J. K. Grider, W. H. Taylor, y E. R. González, eds.; E. Aparicio, J. Pacheco y C. Sarmiento trads.; Lenexa, KS.: Casa Nazarena de Publicaciones, 2009), 717.

[2] Nueva Versión Internacional. De ahora en adelante NVI.

sin mancha que poseerán los verdaderos seguidores de Cristo. A la iglesia 'le fue dado que se vista de lino fino, limpio y brillante', 'que no tuviese mancha, ni arruga, ni cosa semejante'. El lino fino, dice la Escritura, 'son las justificaciones de los santos'. Es la justicia de Cristo, su propio carácter sin mancha, que por la fe se imparte a todos los que lo reciben como Salvador personal".[1]

Aclaremos aquí tres aspectos acerca de la justicia de Cristo, representada por el vestido en la parábola:

PRIMERA ACLARACIÓN: *El vestido que trae puesto el invitado no tiene valor; por eso necesita el vestido que provee el dueño de la boda.* Nada que haga el creyente contribuye a la justicia de Cristo. Nada, absolutamente nada. La Biblia no sugiere que la justicia humana sea necesaria para la salvación. Ambas se excluyen mutuamente. En palabras de Robert Trail: "Si una persona confía en su propia justicia, rechazará la justicia de Cristo. Si confía en la justicia de Cristo, rechazará la suya propia".[2]

Es "gracias a él", según dice el apóstol Pablo en 1 Corintios 1:30, que "ustedes están unidos a Cristo Jesús, a quien Dios ha hecho nuestra sabiduría —es decir, nuestra justificación, santificación y redención" (NVI). Somos salvos sola, completa y totalmente, por "el valor de las cosas justas que Dios ha hecho en Cristo".[3]

---

[1]Elena G. de White, *Palabras de vida del gran Maestro* (Silver Spring, MD.: Ellen G. White Estate, 2012), 252.

[2]E. Ritzema, E. Vince, G. Powell, J. Terranova y C. Franco, eds. *300 citas para predicadores de los puritanos* (J. Terranova y C. Franco, trads.; Bellingham, WA.: Lexham Press, 2013).

[3]D. Rivero, *Semblanza de la vida del autor*, en H. J. Appleby, ed., *Absuelto: La doctrina bíblica de la justificación* (2ª ed. revisada; Moral de Calatrava, España: Editorial Peregrino, 2012), 69.

SEGUNDA ACLARACIÓN: *El invitado recibe el manto, no como un préstamo; lo recibe en calidad de regalo.* Históricamente, ha habido otros relatos de tal generosidad real. Por ejemplo, cuando José recibió a sus hermanos reconciliándose con ellos, dice Génesis 45:22, que a "todos ellos dio mudas de vestidos". José tenía un armario amplio de trajes reales, porque un armario amplio de ropa era señal de riqueza. Las prendas se daban a menudo como regalos. Era una marca especial de honor recibir una que había sido utilizada por el donante, y los reyes a veces mostraban su generosidad entregando sus propios atuendos. ¿Se imaginan la arrogancia de un harapiento que desprecia los vestidos reales y se atreve a presentarse en la fiesta de boda con sus propios andrajos? Era considerado una muestra de respeto que el miembro de la realeza se quitara su propio manto y se lo colocara encima a su allegado.[1] Por ejemplo, nos dice 1 Samuel 18: 4 que Jonatán "se quitó el manto que llevaba y se lo dio a David". Al hacer esto Jonatán, le estaba diciendo a David que lo reconocía como miembro de la realeza. Con razón, Cristo llama a quienes reciben su manto de justicia: "linaje escogido, real sacerdocio, nación santa; vosotros que en otro tiempo no erais pueblo, pero que ahora sois pueblo de Dios, que en otro tiempo no habíais alcanzado misericordia, pero ahora habéis alcanzado misericordia" (1 Pedro 2:9, 10).

TERCERA ACLARACIÓN: *El invitado recibe el manto, pero el manto no lo hace estar en la fiesta como si le correspondiera una recompensa.* La justicia de Cristo sigue siendo un regalo y nunca se convierte en derecho del creyente. Todos nos merecemos el castigo, no el regalo. La

---

[2] J. M., Freeman y H. J., Chadwick, *Manners & Customs of the Bible* (North Brunswick, NJ: Bridge-Logos Publishers, 1998), 457.

razón por la que somos salvos, no se debe a nuestra disposición de recibir el vestido; tampoco se debe a que adquirimos el derecho de estar allí; nada de eso. La razón aparece en 2 Corintios 5:21: "Al que no cometió pecado alguno, por nosotros Dios lo trató como pecador, para que en él recibiéramos la justicia de Dios" (NVI). En otras palabras, Jesús tomó tus harapos con los cuales te encontró el evangelio, y te vistió con su manto, con su justicia perfecta. Así "recibes la justicia de Dios que se te imputa como si fueras igual a Jesucristo en santidad".[1] A la vista de un Dios justo, eres justificado, por causa de Jesucristo.

2. **SEGUNDA PREGUNTA:** *¿Quién proporciona el vestido de boda?* Sí: la pregunta sobre quién provee el vestido de boda, importa. El hombre vestido inapropiadamente en la boda escuchó la sentencia que sería atado "de pies y manos", y echado "en las tinieblas de afuera", donde experimentaría "el lloro y el crujir de dientes" (Mateo 22:13). Según la *Enciclopedia ilustrada de realidades de la Biblia*, conforme a la costumbre, "en las bodas judías el anfitrión proveía vestidos de bodas para todos los invitados".[2]

Con razón, muchos años antes, en el libro de Isaías —el libro evangélico por excelencia del AT— se responde quién provee el vestido. Leámoslo: "Me deleito mucho en *el Señor*; me regocijo en *mi Dios*. Porque *él me vistió* con ropas de salvación y me cubrió con el manto de la justicia. Soy semejante a un novio que luce su diadema, o una novia

---

[1] J. MacArthur, "Quince palabras de esperanza", en *12 Sermones selectos de John MacArthur* (Barcelona: Editorial CLIE, 2014), 182.

[2] J. I. Packer, M. C. Tenney, y W. White, Jr., *Enciclopedia ilustrada de realidades de la Biblia* (Miami, FL.: Editorial Caribe, 2002), 492.

adornada con sus joyas" (61:10).[1] El mismo Dios que ordena quitarnos las "vestiduras viles" (Zacarías 3:4), también promete darnos vestidos "como de vestidura de honra... como novia" (Isaías 49:18). ¿Por qué el hombre es incapaz de proveerse del vestido de boda? En otras palabras, ¿por qué no puede presentarse con su propia justicia?

La situación moral humana es triste. Su corrupción es total. Esto abarca a todos, a los de adentro y a los de afuera. A quienes aceptaron el vestido de boda y a quienes no lo hayan aceptado. Pablo les llama *judíos* y *gentiles* en su carta a los romanos. Él dice: "... ya hemos acusado a judíos y a gentiles, que todos están bajo pecado" (Romanos 3:9), "porque no hay justo, ni aun uno" (Romanos 3:10). En su libro sobre *Romanos*, el Dr. Atilio Dupertuis, plantea los efectos del pecado mencionados en los versículos 11 y 12 de Romanos capítulo 3, como sigue:[2]

Efecto en la mente: *no hay quien entienda.*

Efecto en el corazón: *no hay quien busque a Dios.*

Efecto en la voluntad: *no hay quien haga lo bueno.*

Por su parte, Elena G. de White expresó: "No podemos proveernos por nuestra cuenta del ropaje de la justicia, porque el profeta dice: 'Todas nuestras justicias [son] como trapo de inmundicia' (Isaías 64:6). No hay nada en nosotros con qué cubrir el alma para que no se vea su desnudez. Debemos recibir el ropaje de justicia tejido en el telar del

---

[1] El énfasis en negrita e itálica ha sido agregado.

[2] Atilio Dupertuis, *Romanos* (Berrien Springs, MI.: Pioneer Publications, 2000), 54.

cielo, el ropaje puro de la justicia de Cristo".[1]

3. **TERCERA PREGUNTA:** *¿Para qué sirve el vestido de boda?* El incidente del dueño de la boda con el invitado que vestía ropa inapropiada se puede resumir en una sola palabra: juicio. Leamos: "Y entró el rey para ver a los convidados, y vio allí a un hombre que no estaba vestido de boda. Y le dijo: Amigo, ¿cómo entraste aquí, sin estar vestido de boda? Mas él enmudeció. Entonces el rey dijo a los que servían: Atadle de pies y manos, y echadle en las tinieblas de afuera; allí será el lloro y el crujir de dientes. Porque muchos son llamados, y pocos escogidos" (Mateo 22:11-14).

No cabe la menor duda de que hay un cuadro de juicio en esta tercera escena de la parábola. Notemos: Dios es el juez, el invitado en cuestión es el acusado, la violación contra el acusado es presentarse a la fiesta de boda sin la vestimenta adecuada. Y hay una sentencia: el condenado debe ser "echado en las tinieblas de afuera", donde sufrirá "el lloro y el crujir de dientes". ¿No es esto un juicio? Por supuesto, sí lo es.[2]

En este contexto debemos entender la importancia del vestido de boda, de la justicia de Cristo, destacada en esta parábola; la justicia de Cristo provista gratuitamente para que todo aquel que en él crea, "no se pierda, mas tenga vida eterna" (Juan 3:16).

---

[1] Elena G. de White, *La maravillosa gracia de Dios* (Silver Spring, MD.: Ellen G. White Estate, 2012), 24.

[2] "Uriah Smith alude a la parábola del vestido de boda (Mateo 22) como otra evidencia del juicio del santuario. Lo interpreta como una ilustración de la boda del Cordero, que tiene lugar 'al final de su ministerio como sacerdote, ... cuando entró en el lugar santísimo'", citado en Damsteegt, G. "Continued Clarification (1850–1863)", en F. B. Holbrook, ed., *Doctrine of the Sanctuary: A Historical Survey (1845–1863)* (Silver Spring, MD.: Biblical Research, 1989), 5: 92).

La única razón para salir aprobado en el juicio de Dios, previo al advenimiento de Cristo, es que Jesús actúe en representación del pecador. ¿Habrá alguien mejor que él para sacarnos limpios e inocentes del juicio de un Dios santo? Nadie, nunca. ¿Será que por nuestros esfuerzos por obedecer la ley de Dios sí lo logramos? Por favor, no insultes a Dios, me podría responder alguien. Un Dios perfecto no puede ser satisfecho por la obediencia imperfecta de seres imperfectos. No rebajemos a Dios.

Allí, en las aguas del Jordán, se le dijo a la humanidad que solo hay un Hijo, no dos, ni tres, ni ciento cuarenta y cuatro mil capaces de complacer a un Dios perfecto. Ese día frente a una nube de pecadores, el cielo se abrió y mientras descendía el Espíritu Santo en forma de paloma, una voz del cielo dijo: "Este es mi Hijo amado *en quien tengo complacencia*" (Mateo 3:17).[1] ¿Por qué importa saber esto? Oigamos al apóstol Pablo respondernos: "¿Quién condenará? Cristo es el que murió; más aún, el que también resucitó, el que además está a la diestra de Dios, e intercede por nosotros" (Romanos 8:34). ¿O sea que intercede por nosotros Alguien que sí complace en todo al Dios perfecto y santo, a quien servimos seres imperfectos y pecadores? Así es. Gracias a su mediación por nosotros en el juicio es que no tenemos miedo al juicio. ¿Es solemne el juicio de Dios? Por supuesto que lo es. Es solemne que Jesús, el santo Hijo de Dios, tomó nuestros pecados y aceptó ser contado como pecador, para darnos su vida sin pecado, para que nosotros fuésemos contados como santos. ¿No es cierto que a la vez que se le pueden levantar las cejas en solemne

---

[1] El énfasis en negrita e itálica ha sido agregado.

asombro a alguien, también se le puede dibujar una sonrisa fiestera de oreja a oreja? Es que, gracias a Cristo, el juicio tiene un ambiente festivo. Pero ¿a qué se debe que lo que hemos oído la mayoría de las veces sobre el juicio de Dios, haya producido miedo, tristeza, inseguridad y condenación? Le damos el turno al doctor Clifford Goldstein para respondernos a través de su libro *Ataque contra el Lugar Santísimo*: "La mayoría de los adventistas, al enseñárseles el juicio previo al advenimiento, han sido llevados al Lugar Santísimo sin sangre, lo cual conduce solo a la muerte, porque en el Lugar Santísimo se halla la ley, y ésta no perdona, sino que condena".[1]

¿Cuál es el ingrediente festivo del juicio de Dios? Jesús puso esta escena de juicio en el contexto de una fiesta de boda. Pregunto, ¿a cuántos les cayó el juicio de Dios en la fiesta de la parábola? Por supuesto que a todos. ¿Qué ambiente emocional había en este juicio ilustrado en la parábola? Un autor nos recuerda cómo era la atmósfera en las bodas en los días de Jesús; leamos lo que dice al respecto: "La boda seguía al compromiso y era preliminar a la unión sexual. La ocasión era marcada con una fiesta, cantos y regocijo. La novia vestía un vestido de novia, joyas y ornamentos y tanto ella como el novio eran atendidos por los acompañantes".[2] El profeta Jeremías sube el volumen a lo que se oye en una fiesta de boda; intentemos escucharlo con semejante alegría exuberante: "El grito de gozo y alegría, el canto del novio y de la novia, y la voz de

---

[1] Clifford Goldstein, *Ataque contra el lugar santísimo* (Doral, FL.: APIA, 2005), 163-164.

[2] M. H. Manser, *Diccionario de temas bíblicos* (G. Powell, ed; Bellingham, WA.: Software Bíblico Logos, 2012).

los que traen a la casa del Señor ofrendas de acción de gracias y cantan" (33:11). Una experiencia cristiana feliz guarda íntima relación con la seguridad de la salvación. Elena G. de White lo define: "Cuando tengamos una seguridad clara y brillante de nuestra propia salvación, manifestaremos la alegría y felicidad propias de cada seguidor de Jesucristo".[1]

El cristiano que haya recibido gratuitamente por la fe el manto sin pecado de Cristo, enfrenta el juicio de Dios con serena confianza, con un júbilo seguro, y con una sonrisa feliz de oreja a oreja. Y ¡cómo no celebrarlo! Su juez es su abogado, y Jesús, su juez-abogado, ofreció su vida sin pecado a fin de presentarlo "perfecto" ante el tribunal divino (Colosenses 1:28). El pecador ya no se ve a sí mismo, ahora se ve en Cristo y, como en Cristo "habita corporalmente la plenitud de la deidad", ahora el pecador se ve "completo en [Jesús]" (2:9-10).

Un cristiano que no haya recibido gratuitamente por la fe el manto sin pecado de Cristo, no grita de gozo, no es alegre en su adoración; nada de Dios le resulta festivo. Por supuesto, no puede. Y no puede porque viene a adorar a Dios vestido con sus mezquinos harapos de suficiencia propia. Él no goza la religión; más bien la padece. Transita por un valle sombrío y árido, sin el rocío fresco del manantial de la vida eterna. De su interior no fluyen ríos de agua viva.

Elena G. de White aconsejó a quienes andaban en el desierto de una experiencia cristiana: "Dejad que la ley cuide de sí misma. Nos hemos preocupado de la ley hasta quedar secos como las colinas de Gilboa, sin

---

[1]Elena G. de White, *A fin de conocerle* (Silver Spring, MD.: Ellen G. White State, 2012), 50.

rocío ni lluvia. Confiemos en los méritos de Jesucristo de Nazaret. Que Dios nos ayude para que nuestros ojos sean ungidos con colirio, para que podamos ver".[1]

Resumen

En nuestro mensaje respondimos tres preguntas importantes sobre el traje de boda. Repasemos:

PRIMERA PREGUNTA: ¿Qué representa el vestido de boda? La justicia de Jesucristo.

SEGUNDA PREGUNTA: ¿Quién proporciona el vestido de boda? Dios.

TERCERA PREGUNTA: ¿Para qué sirve el vestido de boda? Para presentarnos con seguridad y con gozo ante el juicio divino.

Conclusión

Un joven soldado de la Unión (EUA) perdió a su hermano mayor y a su padre en la batalla de Gettysburg. El soldado decidió ir a Washington, con la intención de entrevistarse con el presidente Lincoln y pedirle que lo exceptuara del servicio militar, para poder volver a su casa y ayudar a su madre y a su hermana en las labores agrícolas.

El guardia que estaba de turno en la Casa de Gobierno le comunicó que no podía ver al Presidente, ya que estaba muy ocupado. Le ordenó que se fuera y volviera al campo de batalla.

Desilusionado, el soldado se sentó en un banco de la plaza cercana a la Casa Blanca. Allí estaba, sin saber qué hacer, cuando se le acercó un niño y, viéndole

---

[1]Elena G. de White, *The Ellen G. White 1888 Materials* (Silver Spring, MD.: Ellen G. White Estate, 1988), 557.

triste, le preguntó qué le ocurría. El soldado le contó su historia.

—Yo puedo ayudarlo —sentenció el muchachito conmovido.

Tomando la mano del soldado, lo llevó de vuelta al portón de la Casa Blanca. Aparentemente el guardia no los vio, pues no fueron detenidos. Caminaron directamente hasta la puerta del frente de la Casa Blanca y entraron. Allí adentro, pasaron delante de generales y oficiales, pero ninguno dijo una palabra. El soldado no entendía lo que sucedía.

Finalmente, llegaron al Salón Oval, donde el Presidente estaba trabajando. El muchachito simplemente entró, conduciendo al soldado. Detrás del escritorio, estaban Abraham Lincoln y el Secretario de Estado examinando planes de batalla.

El Presidente miró al niño y luego al soldado, y dijo:
—Buenas tardes, Todd. ¿Puedes presentarme a tu amigo?

Y Todd respondió:

—Papá, este soldado necesita hablar contigo.

El soldado le hizo el pedido al presidente Lincoln, y allí mismo obtuvo la licencia que necesitaba.[1]

Llamado

Tú y yo tenemos a alguien que puede llevarnos y ponernos hasta adentro, y sentarnos en los lugares celestiales. Su nombre es Jesús. Él vivió una vida sin pecado para concedernos su justicia sin mancha y ser admitidos en la vida eterna. ¿Conoces a alguien que

---
[1] Ani Köhler Bravo, *Historias inolvidables* (Coral, FL.: APIA, 2007), 144.

estaría dispuesto a recibir el castigo que tú mereces, y también, a que tú seas tratado como él merece ser tratado? Jesús es este amigo. Solo pide que le abras tu corazón porque él quiere salvarte. Escucha hoy su voz. Jesús te llama. Tenemos aquí a alguien que quiere entregarle su vida a Jesús. Yo voy a orar por ti en este momento. Levanta tu mano donde estés sentado. Ahora camina al frente. Ven, camina, yo voy a tener una oración de entrega por ti.

BOSQUEJO DE GRACIA FESTIVA

Lectura bíblica base: Mateo 22:1-14

Punto central: La salvación pertenece solo a quienes aceptan vestirse de la justicia de Cristo.

Introducción: Hubo una fiesta de quinceaños a la que fueron invitados los del pueblo de La Joya, pero por un vídeo viral, miles de lejos respondieron que asistirían, sin embargo, la familia hizo otro vídeo para desinvitar a tanta gente desconocida que había dicho aceptar la invitación. En cambio, la fiesta de boda de la salvación es una invitación abierta, para todo aquel que acepte. Dios no desinvita a nadie.

Tres preguntas importantes sobre el vestido de boda

1. **PRIMERA PREGUNTA:** ¿Qué representa el vestido de boda?

Aplicación: El vestido de boda, la única manera como podemos aparecer vestidos delante de la presencia de un Dios perfecto, representa la justicia de Cristo que se nos concede gratuitamente.

Testimonio personal: _____
_____
_____
_____.

Apelación: ¿Quieres pedirle al Espíritu Santo que te ayude a aceptar la vestimenta de la justicia de Cristo para estar listo para su boda?

2. Segunda pregunta: ¿Quién proporciona el vestido de boda?

Aplicación: El vestido de la boda lo provee Dios. Aparecerse vestido con su propia justicia significa ser echado a las tinieblas... a donde será el lloro y el crujir de dientes.

Ilustración: _____

_____

_____

_____.

Apelación: ¿Estás dispuesto a pedirle al Señor que te ayude a ver la deformidad de tu propia vida religiosa, y por lo tanto, te ayude a reconocer tu necesidad desesperada del manto de la justicia de Cristo?

3. Tercera pregunta: ¿Para qué sirve el vestido de boda?

Aplicación: Es gracias al vestido de la justicia perfecta de Cristo que podemos presentarnos con seguridad y con gozo ante el juicio divino.

Experiencia personal: _____

_____

_____

_____.

Apelación: ¿Qué te produce la posibilidad de enfrentar el juicio de Dios sabiendo que gracias a Jesucristo, serías declarado acepto, sin reproche alguno ante la presencia de un Dios puro y perfecto?

Resumen: Hoy aprendimos tres aspectos sobre el vestido de boda; ellos son:

Primero: El vestido de boda representa la justicia de Jesucristo.

Segundo: Dios es quien proporciona el vestido de boda.

Tercero: El vestido de boda es para comparecer felices ante el juicio divino.

Llamado final: Gracias a Todd, hijo del presidente Abraham Lincoln, el soldado que no tenía acceso al presidente, tuvo libre acceso para presentarle su petición. Y gracias a los oficios del hijo del mandatario, se le concedió ser exceptuado del servicio militar para dedicarse a ayudar a su madre y a su hermana en las labores agrícolas.

Jesús, el Presidente del universo fue más allá, estuvo dispuesto a ir a la guerra y enfrentar al enemigo en tu lugar. ¿Conoces a alguien que estaría dispuesto a recibir el castigo que tú mereces, y también, a que tú seas tratado como él merece ser tratado? Jesús es este amigo. Él solo te pide que le abras tu corazón porque él quiere salvarte. Escucha hoy su voz. Jesús te llama. Acéptalo. Dile que sí a tu Salvador. Jesús te ofrece la vestimenta de su vida perfecta para que te goces en su boda, feliz ante el juicio de Dios.

ILUSTRACIÓN ADICIONAL

❧ Una vez un monje y un novicio viajaban del monasterio a una aldea cercana. En las puertas de la ciudad se separaron, conviniendo en reunirse allí mismo en la mañana siguiente, después de cumplir sus tareas. De acuerdo al plan se encontraron y emprendieron juntos el largo camino de regreso al monasterio. El monje notó que el más joven estaba más callado que de costumbre. Le preguntó si algo andaba mal.

—¿Qué te importa? —fue la cortante respuesta.

Ahora el monje tenía la seguridad de que su colega estaba en problemas, pero no dijo nada. La distancia entre los dos se fue agrandando. El novicio caminaba despacio, como para separarse de su maestro. Cuando divisaron el monasterio, el monje se detuvo en la entrada y esperó por el alumno.

—Dime, hijo, ¿qué te atormenta?

El muchacho empezó a reaccionar otra vez, pero cuando vio la ternura en los ojos del maestro, su corazón empezó a ceder.

—He pecado grandemente —gimió—. Anoche dormí con una mujer y abandoné mis votos. No soy digno de entrar en el monasterio a tu lado.

El maestro abrazó a su alumno y le dijo:

—Entraremos juntos al monasterio.

Entraremos juntos a la catedral y juntos confesaremos tu pecado. Nadie, sino Dios, sabrá cuál de los dos cayó.[1] ———

---

[1] Max Lucado, *En manos de la gracia* (Nashville, TN.: Grupo Nelson, 1997), 108.

LUPA TEOLÓGICA

¿Cuántos juicios hay y qué función cumple el sacrificio de Cristo en ellos?

Se trata de un solo juicio que ocurre en cuatro fases distintas.[1] La primera fase es el juicio previo al advenimiento, conocido como juicio investigador, pronunciado a favor de todos aquellos que profesan fe en Jesús (Daniel 7:22; 1 Pedro 4:17), porque "ninguna condenación hay para los que están en Cristo Jesús" (Romanos 8:1). En esta primera etapa, el examen de los registros (Daniel 7:10) es solo una parte del juicio. La otra parte es la intercesión o función de abogado que tiene Cristo (1 Juan 2:1). Cristo está en la presencia de Dios a favor de su pueblo (Hebreos 9:24), donde es capaz de salvar plenamente, porque él vive para interceder (Hebreos 7:25). La segunda fase es el juicio en la segunda venida de Cristo, cuando él separe a las ovejas de los cabros (Mateo 25:31-46). Este juicio se basa en las obras, pero en las obras de Jesucristo que él mismo preparó de antemano para que anduviéramos en ellas (Efesios 2:10); porque la fe en Cristo por la que somos salvos, es una fe viva que produce actos de justicia y bondad, como se ilustra en Santiago 2. En este juicio se examina si los invitados se hayan vestidos con el manto de la justicia de Cristo, el único puro, sin ninguna mancha de egoísmo, que se nos ha ofrecido gratuitamente a toda la humanidad, gracias a su sacrificio. La tercera fase del juicio ocurrirá durante el milenio (Apocalipsis 20), cuando los salvados revisarán

---

[1] C. M. Maxwell, "The Investigative Judgment: Its Early Development", en Holbrook, *Doctrine of the Sanctuary*, 5:123.

los casos de aquellos que no se salvaron (1 Corintios 6:2, 3), para conocer todos los esfuerzos hechos por Dios por persuadirlos a acepar la salvación en Cristo, que ellos mismos rechazaron. Y la cuarta fase y final del juicio, es la que se conoce como el juicio ejecutivo; éste se ejecutará sobre los impíos al final de los mil años (Malaquías 4:1). Los autores de *The Character of God Controversy* (La controversia del carácter de Dios), en la página 149, lo explican de la siguiente manera: "La retribución final y terrible será, en cierto sentido, similar a lo que Jesús experimentó en la cruz. Las Escrituras dicen: 'Cristo murió por nuestros pecados' (1 Corintios 15:3). La muerte de Cristo no fue una muerte normal. En el Calvario experimentó la plena 'paga del pecado' (Romanos 6:23), que terminará en 'la segunda muerte' (Apocalipsis 20:14). Hasta ahora, nadie ha muerto esa muerte, solo Jesús. Debido a su gran sacrificio, si nos arrepentimos de nuestros pecados y confiamos plenamente en él, estamos claros: nunca tendremos que probar el castigo, ¡gracias a Dios! Pero aquellos que resisten el amor de Cristo y rechazan su salvación, saborearán esa muerte. La experimentarán al final del milenio".[1] Jesús probó en carne propia este mismo juicio final sin mezcla de misericordia en lugar de todos los pecadores, para que ninguno que acepte su muerte, sufra el juicio ejecutorio final de la ira de Dios sobre el pecado. Su sacrificio en la cruz fue una revelación del triunfo del bien sobre el mal en el juicio. Juan 12:31 dice: "Ahora es el juicio de este mundo; ahora el príncipe de este mundo será echado fuera". Por su parte, Elena G. de White, citada por Steve Wohlberg y Chris Lewis, escribió lo siguiente al respecto: "Aquellos que rechazan la misericordia tan libremente ofrecida,

---

[1] Steve Wohlberg y Chris Lewis, *The Character of God Controversy* (Nampa, ID.: Pacific Press, 2008), 149.

tendrán que conocer el valor de lo que han despreciado. Sentirán la agonía que Cristo soportó en la cruz para comprar la redención para todos los que la recibirían. Y luego se darán cuenta de lo que han perdido: la vida eterna y la herencia inmortal".[1]

---

[1] Elena G. de White, *SDA Bible Commentary* (Washington, MD., Review And Herald, 1954), 6:1069.

"*Este mensaje tenía* que presentar en forma más destacada ante el mundo al sublime Salvador, el sacrificio por los pecados del mundo entero.

Presentaba la justificación por la fe en el Garante [Cristo]; invitaba a la gente a recibir la justicia de Cristo, que se manifiesta en la obediencia a todos los mandamientos de Dios. Muchos habían perdido de vista a Jesús. Necesitaban dirigir sus ojos a su divina persona, a sus méritos, a su amor inalterable por la familia humana. Todo el poder es colocado en sus manos, y él puede dispensar ricos dones a los hombres, impartiendo el inapreciable don de su propia justicia al desvalido agente humano. Este es el mensaje que Dios ordenó que fuera dado al mundo. Es el mensaje del tercer ángel, que ha de ser proclamado en alta voz, y acompañado por el derramamiento de su Espíritu en gran medida".

(Elena G. de White, *El evangelismo*, 143).

Sermón 4

Gracia impagable

Lectura bíblica base — **Mateo 18:23-35**

Objetivo principal

Enseñar que la gracia de Dios perdona al ser humano con la misericordia que no merece, para que los oyentes decidan perdonar a sus semejantes, con la →— compasión que reciben de Dios.

Introducción

¿Qué hubieras hecho, si hubieras vivido las siguientes dos circunstancias?

Primera circunstancia:

Eres una niña de nueve años. Un día, sin querer, sorprendes a tu mamá en el acto siéndole infiel a tu papá. Tu mamá entra en cólera y te castiga.

En ese castigo te tumba algunos dientes. Te lleva a un dentista para intentar solucionar el daño que te ha hecho. El dentista decide que la solución es remover toda tu dentadura. Tú no quieres. El dentista y tu mamá te agarran y te quitan todos tus dientes.

Segunda circunstancia:

Acabas de enterrar a tu hijo una semana atrás, asesinado por unos paramilitares. Cierto día, al llegar a tu casa, encuentras a un muchacho tirado en el andén, herido, quejándose, porque sus compañeros lo han abandonado al huir tras un combate. Tú le ofreces ayuda para curar sus heridas. Lo pones en la habitación que hasta hace poco ocupaba tu hijo. Llamas a una vecina que es enfermera para que ayude a sanar las heridas del muchacho. El joven se queda dormido y, cuando se levanta, ve las fotografías de tu hijo que están colgadas en la pared. Pronuncia algunas malas palabras contra la imagen de tu hijo retratado, quejándose de verlo porque lo habían matado hace dos semanas. La enfermera a quien has llamado para auxiliar al herido, está entendiendo que a quien ella está curándole las heridas, es al criminal que arrebató la vida de tu hijo. En ese momento, ella te ofrece ponerle una inyección letal al criminal herido que ha confesado el delito, y ella te asegura que no quedarían ni rastros del asesinato. Tu hija, para hacer justicia por el asesinato de su hermano, te dice: "Papá, tenemos que hacerlo para vengar la sangre de mi hermano".

Te pregunto de nuevo: ¿Qué hubieras hecho en estas dos circunstancias?

Estas historias no son inventadas; son casos reales. Se trata de hechos reales sucedidos en Colombia. Ellos no son los únicos. En el año 2014 en Colombia hubo 12,600 asesinatos. El Ministerio de la Defensa de este país reportó que el 97% de estos homicidios no fueron producto del conflicto armado entre el ejército y los grupos guerrilleros. El creador de las Escuelas de Perdón y Reconciliación considera que el 90% de esos 12,600 asesinatos, tiene su origen en heridas y dolores no sanados. En otras palabras, en el deseo de venganza de las personas agraviadas.[1]

Les pregunto otra vez: ¿Qué hubieran hecho —cada uno de ustedes— en estas circunstancias?

En cada caso, el gran dilema es perdonar o no perdonar. Ellos no son los únicos. Es un dilema también conocido por nosotros. Tal vez no hemos pasado lo mismo ni parecido, pero sí sabemos el sabor que tiene la sed de venganza contra quienes nos han hecho daño. La parábola que hoy vamos a estudiar se relaciona precisamente con esto. Les invito a leerla conmigo en Mateo 18:23-35.

Por lo cual el reino de los cielos es semejante a un rey que quiso hacer cuentas con sus siervos. Y comenzando a hacer cuentas, le fue presentado uno que le debía diez mil talentos. A éste, como no pudo pagar, ordenó su señor venderle, y a su mujer e hijos, y todo lo que tenía, para que le pagase la deuda. Entonces, aquel siervo postrado, le suplicaba diciendo: Señor, ten compasión conmigo y yo te lo pagaré todo. El señor de aquel siervo, movido a misericordia, le soltó y

---

[1] Claudia Palacios, "¿Perdonar lo imperdonable?" Conferencia presentada en TED Talks de la Universidad de Rosario, Argentina. https://www.youtube.com/watch?v=LowoUIpBwXg. Consultado el 4 de noviembre de 2018.

le perdonó la deuda. Pero saliendo aquel siervo, halló a uno de sus consiervos, que le debía cien denarios; y asiendo de él, le ahogaba, diciendo: Págame lo que me debes. Entonces su consiervo, postrándose a sus pies, le rogaba diciendo: Ten paciencia conmigo, y yo te lo pagaré todo. Mas él no quiso, sino fue y le echó en la cárcel, hasta que pagase la deuda. Viendo sus consiervos lo que pasaba, se entristecieron mucho, y fueron y refirieron a su señor todo lo que había pasado. Entonces, llamándole su señor, le dijo: Siervo malvado, toda aquella deuda te perdoné, porque me rogaste. ¿No debías tú también tener misericordia de tu consiervo, como yo tuve misericordia de ti? Entonces su señor, enojado, le entregó a los verdugos, hasta que pagase todo lo que le debía. Así también mi Padre celestial hará con vosotros si no perdonáis de todo corazón cada uno a su hermano sus ofensas.

Contexto

La parábola de los dos deudores de Mateo 18 está dentro del contexto de la disciplina eclesiástica, como notamos en los versículos 15 al 17. También, parte de su contexto es la pregunta de Pedro a Jesús sobre las veces que debemos perdonar a quien peca contra nosotros (Mateo 18:21, 22). Pedro preguntó si siete era el límite razonable para perdonar al prójimo; sin embargo, Jesús le aclaró que el límite era incontable, hasta setenta veces siete. Y para ilustrar su respuesta, Jesús narró esta parábola.

Cuerpo

Con base en esta historia, conocida como la parábola

de los dos deudores, podemos aprender TRES CLAVES PARA PERDONAR. Veamos ahora cada una de ellas:

1. PRIMERA CLAVE: *Ten presente que lo que tienes que perdonar, es menor que lo que Dios te perdona.* En la parábola, tú y yo somos el siervo a quien Dios ha perdonado la suma impagable. ¿Ya hicimos las cuentas a cuánto asciende en la parábola la deuda que el Señor nos ha perdonado? Pongamos los números en perspectiva. Empecemos diciendo que un talento valía el equivalente a 6,000 denarios, es decir, el equivalente a 6,000 días de salario. Tendrías que trabajar más de 16 años para ahorrar un talento. Pero la deuda es de 10,000 talentos. Quiere decir que para ahorrar 10,000 talentos, tendrías que ahorrar el salario diario de más de 166 mil años. Esto implica que la suma perdonada es mega multimillonaria, verdaderamente astronómica. Si la pusiéramos en dólares, suponiendo que ganas $100 dólares diarios por un año de salario serían $36,000 dólares, y por 166 mil años de trabajo, multiplicas esa cantidad 166 mil veces y llegarás a una suma infinita. Eso fue lo que Dios te perdonó. ¿Parece poco? No lo creo.

Max Lucado, en su libro *Gracia*, la página 35, dice que "no apreciaremos lo que la gracia logra hasta que comprendamos quiénes somos. Somos rebeldes. Somos Barrabás. Así como él, merecemos morir. Nos rodean cuatro paredes de prisión, engrosadas con temor, dolor y odio. Estamos encarcelados por nuestro pasado, por nuestras malas decisiones, y por nuestra altiva soberbia. Hemos sido hallados culpables".[1]

---

[1] Max Lucado, *Gracia* (Nashville, TN.: Grupo Nelson, 2012), 35.

Dos grandes revelaciones descubrimos en el evangelio: "que somos mucho más malos de lo que creemos, y que se nos ama mucho más, de lo que alguna vez soñamos".[1] A pesar de nuestra deuda tan infinitamente enorme, Dios ha decidido dejarnos libres. El apóstol Pablo dice que Dios ha decidido pasar por alto nuestros pecados, en otras palabras, decidió no tomar en cuenta la deuda que teníamos. Nos perdona todo lo malo que antes hicimos, (Romanos 3:25, 26).

Ahora considera lo que te toca perdonarle a tu consiervo. Él solamente te debe, según la parábola, el equivalente a cien días de salario; puesto en dólares, eso llega a $10,000 ¿Hay comparación? No, no la hay.

La lección que Dios quiere darnos con estos números es que consideremos lo mucho que él nos perdona, comparado con lo que a nosotros nos corresponde perdonar por las faltas que nuestros iguales cometen contra nosotros. No existe comparación. Ninguna mente es capaz de calcular la gravedad de una ofensa contra Dios. El pecado es tan grave que costó la sangre derramada del Hijo de Dios. Así de serio, así de grave es. Pero también, así de precioso es el perdón de Dios hacia nosotros. ¡Cuán incalculable es el amor de Dios por la humanidad!

El teólogo Timothy Keller, nos invita a la reflexión con las siguientes palabras: "Dios nos ha salvado, a pesar de nuestros pecados, a un costo infinito para él mismo. Algunas personas tienen una visión demasiado alta de sí mismas. La gracia de Dios no les asombra porque no sienten que la necesitan, o al menos no tanto. Otros sí se ven a sí mismos como

---

[1] Craig Brian Larson, *Ilustraciones perfectas* (Miami, FL.: Editorial Unilit, 2004), 129.

fracasos, pero, si bien pueden tener alguna noción de un 'Dios de amor' abstracto, tienen poca idea de la enormidad del sacrificio de Jesús para pagar su deuda y comprarlos de la esclavitud y la muerte. No se pierden en el asombro, el amor y la alabanza en los extremos y en los hechos hasta donde Jesús ha ido por nosotros".[1]

2. **SEGUNDA CLAVE:** *Deja de mirar lo que te hicieron, y empieza a mirar lo que Dios hizo.* Al estudiar la parábola de los dos deudores, sobresale la generosidad del señor que perdona al siervo la deuda de 10,000 talentos, el equivalente a 166 mil años de salario. Jesús quiere reenfocar nuestra atención hacia su bondad y su amor, hacia su compasión y su misericordia, en lugar de intoxicarnos por el resentimiento y rencor al repasar y rumiar las ofensas que otros nos causan.

El rencor inhabilita para desplazarse bien por la vida. ¿Sabías que la palabra rencor se deriva de la raíz *rancor*, de donde viene la palabra rengo, rengar?[2] El rencor es como andar cojeando, y derrengado no se avanza feliz por la vida.

¿No será que necesitamos dejar de mirar lo que nos hicieron y empezar a mirar lo que Dios nos hizo, para no andar rengueando infelices por la vida? Pensemos por un momento…

¿Cómo dejar de mirar lo que nos hicieron, y empezar a mirar lo que Dios hizo por nosotros en la cruz? El siguiente consejo de Elena G. de White contiene la respuesta: "Sería bueno que cada día dedicásemos una hora de reflexión a la contemplación de la vida

---

[1] Timothy Keller, https://twitter.com/DailyKeller. Consultado el 5 de noviembre de 2018.

[2] *Diccionario de la Real academia española,* http://dle.rae.es/?id=VwSDQwC. Consultado el 5 de noviembre de 2018.

de Cristo. Debiéramos tomarla punto por punto, y dejar que la imaginación se posesione de cada escena, especialmente de las finales. Y mientras nos espaciemos así en su gran sacrificio por nosotros, nuestra confianza en él será más constante, se reavivará nuestro amor, y quedaremos más imbuidos de su Espíritu. Si queremos ser salvos al fin, debemos aprender la lección de penitencia y humillación, al pie de la cruz".[1]

En la parábola de los dos deudores, el siervo a quien se le perdonó una deuda impagable tuvo una respuesta cruel hacia el consiervo que le adeudaba apenas 100 denarios, cien días de salario. Leemos en Mateo 18:28-30: "Pero saliendo aquel siervo, halló a uno de sus consiervos, que le debía cien denarios; y asiendo de él, le ahogaba, diciendo: Págame lo que me debes. Entonces su consiervo, postrándose a sus pies, le rogaba diciendo: Ten paciencia conmigo, y yo te lo pagaré todo. Mas él no quiso, sino fue y le echó en la cárcel, hasta que pagase la deuda".

La falta de compasión es síntoma del corazón que no ha aceptado que no merece ser perdonado, que ha sido salvado por gracia, por la gracia de Jesucristo. Solo existe una forma para compadecerse de quien nos falló y ofendió. Leamos: "El Señor Jesús hizo una pregunta a Simón con respecto a dos deudores. El primero debía a su señor una suma pequeña y el otro, una muy grande; pero él perdonó a ambos, y Cristo preguntó a Simón cuál deudor amaría más a su señor. Simón contestó: 'Aquel a quien más perdonó'. Hemos sido grandes deudores, pero Cristo murió para que fuésemos perdonados. Los méritos de su sacrificio son suficientes para

---

[1]White, *El Deseado de todas las gentes*, 63.

presentarlos al Padre en nuestro favor. Aquellos a quienes les ha perdonado más, le amarán más, y estarán más cerca de su trono para alabarle por su grande amor y sacrificio infinito. Cuanto más plenamente comprendemos el amor de Dios, mejor nos percatamos de la pecaminosidad del pecado. Cuando vemos cuán larga es la cadena que se nos arrojó para rescatarnos, cuando entendemos algo del sacrificio infinito que Cristo hizo en nuestro favor, *nuestro corazón se derrite de ternura y compasión*.[1]

En cuanto al tema de perdonarnos unos a otros, el *Diccionario bíblico adventista* comenta: "Como le explicó Cristo a Pedro, para los cristianos no hay un límite en la extensión del perdón ni número de veces que se haya de perdonar cuando alguien venga a pedirlo (Mateo 18: 21, 22). El cristiano siempre debe mantener el *espíritu* de perdón, aun antes de tener la oportunidad de perdonar".[2]

Quien siente el perdón de Dios goza de un corazón perdonado y, por lo tanto, tiene un corazón compasivo, dispuesto a perdonar. Alguien implacable, severo y duro hacia quien lo ha ofendido, revela que su corazón no reconoce ni ha sentido aún el perdón de Dios en su vida.

Si el corazón no se derrite, no se abre a la compasión y ternura por quien nos ha ofendido, ¿qué nos dice de cuánta necesidad tenemos de dejar de mirar lo que nos hicieron y empezar a mirar lo que Dios hizo por nosotros?

3. TERCERA CLAVE: *Calcula que, tal como perdones, así te*

---

[1] White, *El camino a Cristo*, 35. El énfasis en negrita e itálica ha sido agregado.
[2] *Diccionario bíblico adventista*, 918.

perdonará Dios. Cierto hombre recibió a un pariente en su casa. A la mañana siguiente, los dos salieron a caminar. Al salir del edificio, el anfitrión saludó amablemente al portero, que respondió muy enojado y de mal modo. Ninguno de los dos dio mayor importancia a lo sucedido, y continuaron su camino. Al día siguiente se repitió la escena: el anfitrión cumplió con su habitual "buenos días, don Miguel", y volvió a escuchar una agria respuesta, similar a la del día anterior. Cuando se repitió el suceso el tercer día, el visitante perdió la paciencia: "¡¿Cómo puedes saludar con cortesía a alguien que siempre te responde mal?!" La respuesta fue: "Porque no olvido que como yo lo trato a él, es como comprendo que Dios me trata a mí".

Somos llamados a reflejar en nuestro trato con otros el amor y la compasión de Dios por nosotros. La última escena de la parábola (Mateo 18:31-35), tiene que ver con esto, y dice así: "Viendo sus consiervos lo que pasaba, se entristecieron mucho, y fueron y refirieron a su señor todo lo que había pasado. Entonces, llamándole su señor, le dijo: Siervo malvado, toda aquella deuda te perdoné, porque me rogaste. ¿No debías tú también tener misericordia de tu consiervo, como yo tuve misericordia de ti? Entonces su señor, enojado, lo entregó a los verdugos, hasta que pagase todo lo que le debía. Así también mi Padre celestial hará con vosotros si no perdonáis de todo corazón cada uno a su hermano sus ofensas".

¿Te parece demasiado fuerte el cierre de la parábola? Vale recordar las siguientes palabras que leí una vez, del autor Timothy Keller, que dicen así: "El verdadero Jesús requiere más de lo que nunca pensaste, pero ofrece más de lo que nunca imaginaste".

Esto se llama bondad.

La bondad solamente puede ser verdadera bondad cuando se la practica hacia el ingrato, hacia el grosero e irrespetuoso, hacia quien, de plano, no se la merece. El apóstol Pablo nos dice: "Ciertamente, apenas morirá alguno por un justo; con todo, pudiera ser que alguno osara morir por el bueno. Mas Dios muestra su amor para con nosotros, en que siendo aún pecadores, Cristo murió por nosotros" (Romanos 5:7-8).

Se dice que Abraham Lincoln fue duramente criticado por tratar bien a sus enemigos durante la Guerra Civil norteamericana. Muy acaloradamente, una mujer le dijo: "¡Lo que tenemos que hacer es destruir a nuestros enemigos, no hacernos amigos suyos!". "Señora —dijo Lincoln—, ¿acaso no destruyo a mi enemigo cuando lo convierto en mi amigo?".[1]

La ira enceguece. El discípulo del amor lo dice en 1 Juan 2:11: "El que odia a su hermano está en la oscuridad y en ella vive, y no sabe a dónde va porque la oscuridad no lo deja ver" (NVI).

La venganza es otra forma de expresar ira. El camino de la venganza es el camino de quien se toma el veneno con la ilusión de matar así a las ratas. Sería algo absurdo. De ahí que el apóstol Pablo aconsejó: "No os venguéis vosotros mismos, amados míos, sino dejad lugar a la ira de Dios, porque escrito está: Mía es la venganza, yo pagaré, dice el Señor. Así

---

[1]Norman Vincent Peale, *Bible Power for Successful Living* (Nueva York: Peale Center for Christian Living, 1993), 120.

que, si tu enemigo tuviere hambre, dale de comer; si tuviere sed, dale de beber; pues haciendo esto, ascuas de fuego amontonarás sobre su cabeza. No seas vencido de lo malo, sino vence con el bien el mal" (Romanos 12:19-21).

Hay muchos males que se pueden vencer con una actitud perdonadora hacia quienes nos han hecho daño. El médico suizo Paul Tournier contaba que en una ocasión, tuvo cierta paciente que presentaba un grave cuadro de anemia. Aunque la sometieron a varios tratamientos, ninguno dio resultado favorable. Tournier decidió entonces internarla en un centro hospitalario para favorecer su recuperación. La sorpresa se la llevó cuando el médico lo llamó desde el centro y le dijo: "Hemos hecho un análisis a su paciente antes de ingresarla y los resultados no son ni parecidos a los que usted nos mostró. No vemos en este caso ningún problema de hierro o hemoglobina, ni la menor anomalía en la sangre". Tournier comprobó los análisis previos: todo estaba correcto. No se había cometido ningún error. Intrigado por la causa de tan veloz recuperación, decidió hablar con la paciente. "¿Ha pasado en su vida algo fuera de lo normal desde la última vez que me visitó?", le preguntó. "¡Sí! —afirmó ella rotundamente—. He perdonado a alguien a quien le guardaba rencor, y al instante sentí que podía decir sí a la vida".[1]

La vida nos da la oportunidad de sembrar la vida espiritual que deseamos cosechar. De ahí que en la oración que Jesús enseñó a sus discípulos, conocida como el *Padre nuestro*, dice en una de sus siete peticiones: "Y perdónanos nuestras deudas, como también nosotros perdonamos a nuestros

---

[1]William Barclay, *The Mind of Jesus* (San Francisco: Harper Collins, 1976), 76.

deudores" (Mateo 6:12). Con la medida de perdón que perdonamos a quienes nos ofenden, estamos diciéndole a Dios qué actitud deseamos que escoja él al perdonarnos. Es una ley divina que cosecharemos la misma medida de perdón que sembramos en nuestras relaciones.

Resumen

En nuestro mensaje de hoy aprendimos tres claves para perdonar. Repasemos:

Primera: *Ten presente que lo que tienes que perdonar, es menor a lo que Dios te perdona.*

Segunda: *Deja de mirar lo que te hicieron, y empieza a mirar lo que Dios te hizo.*

Tercera: *Calcula que, tal como perdones, así te perdonará Dios.*

Conclusión

Se dice que cierto día Thomas Alva Edison trabajaba en uno de sus inventos. En este nuevo proyecto su equipo de ayudantes había tardado 24 horas para armarlo antes de la prueba. Cuando Edison terminó, pidió a un joven muy nuevo y nervioso miembro de su equipo, que lo llevara al segundo piso donde se realizaría la prueba. El joven, halagado por el privilegio, pero más nervioso que nunca, lo cargó, pero al llegar al último escalón, se le cayó el proyecto haciendo que se rompiera en mil pedazos. El equipo volvió a dedicar otras 24 horas para armar el proyecto. Habiéndolo terminado, quedaron petrificados de asombro cuando Thomas Edison volvió a llamar al mismo joven nuevo y nervioso para cargarlo al segundo piso. Esta vez el joven llegó sin ningún problema al segundo piso y lleno de agradecimiento porque su maestro le había dado una segunda oportunidad. Eso se llama perdón.[1]

¿Recuerdan los casos que les conté al principio del sermón?

Ellos decidieron vivir felices.

La niña que fue maltratada por su mamá, aunque de adulta seguía sufriendo el rechazo de su madre, ella nunca dejó de buscarla para expresarle su cariño en fechas especiales como el día de la madre, en su cumpleaños y para Navidad. Se interesó en saber de la infancia de su madre y encontró que de niña su mamá había sido abusada, así que se propuso darle amor a su madre.

Y en el caso de la mujer que descubre que estaba sanando las heridas de quien mató a su hijo, toma dinero y le dice al joven que con eso aborde un taxi y pida que lo lleve a un hospital a recibir atención médica; como si fuera poco, antes le presta su propio teléfono para que él informe su condición a su madre. El hombre en *shock* le reclama por qué hace ese bien con él, y la madre le responde: "Es lo que me habría gustado que ustedes hicieran con mi hijo, para que yo hubiera podido verlo por última vez".

Llamado

Se dice que nadie es monedita de oro para caer bien a todo el mundo. ¿Puedes pensar en alguien a quien no

---

[1] Brian Teachout, *Perdonar y olvidar,* https://www.sigueme.net/predicas-cristianas/perdonar-y-olvidar. Consultado el 5 de noviembre de 2018.

le caes bien y que te ha hecho algún daño, o mucho daño? Hoy es tu oportunidad de sanar tu dolor. Jesús es tu amante Salvador, y ha venido para librarte del rencor. Él no quiere que sigas rengueando por la vida, atrapado por los grilletes del rencor. Él te ama y desea liberarte. Quiero invitarte a hacer algo simbólico. Solo Dios conoce quién es la persona a quien debes perdonar. Tengo aquí al frente diferentes objetos que son basura. Voy a pedir que aquellos que deseen pedir a Dios que los libere de esa basura, pasen al frente y van a tomar un objeto basura y lo van a tirar en el recipiente para la basura como símbolo de su deseo de ser liberados de ese sentimiento tóxico, llamado rencor. Hoy te invito a escuchar su voz. Jesús te llama. Mientras caminas al frente, yo voy a orar por ti para que el Señor te libere de ese sentimiento venenoso, llamado rencor, y puedas perdonar a quien te haya herido, así como Cristo mismo te ha dado el don maravilloso de su perdón.

BOSQUEJO DE GRACIA IMPAGABLE

Lectura bíblica base: Mateo 18:23-35

Punto central: El perdón a quienes nos ofenden es el fruto de sentirnos perdonados por Dios.

Introducción: Dos escenarios. Primero: Tu madre te tumba algunos dientes encolerizada porque la sorprendiste siéndole infiel a tu papá. Finalmente, asistida por un dentista, pierdes toda tu dentadura. Segundo: Descubres que al hombre herido a quien auxilias en tu casa, es el mismo criminal que asesinó a tu hijo, días atrás. ¿Qué hubieras hecho en cada una de estas dos circunstancias?

Tres claves para perdonar

1. **Primera clave:** *Ten presente que lo que tienes que perdonar, es menor a lo que Dios te perdona.*

   Aplicación: El perdón a quien te ofendió no se compara con el daño que sufriste, se compara con el sufrimiento que Jesús experimentó por culpa de tus pecados.

   Testimonio personal: _____
   _____
   _____
   _____.

   Apelación: ¿Quieres pedirle al Espíritu Santo que

te ayude a ver mejor la dimensión de lo que Jesús tuvo que sufrir por perdonar tus pecados?

2. **Segunda clave:** *Deja de mirar lo que te hicieron, y empieza a mirar lo que Dios te hizo.*

   Aplicación: La capacidad de perdonar no se desarrolla repasando la ofensa que sufriste, se alcanza al mirar lo que Jesús sufrió muriendo por ti en la cruz.

   Ilustración: _____
   _____
   _____
   _____.

   Apelación: ¿Te das cuenta que mientras más miras a Jesús feliz de perdonarte, estás más dispuesto a perdonar a los demás sus ofensas?

3. **Tercera clave:** *Calcula que, tal como perdones, así te perdonará Dios.*

   Aplicación: No decidimos hasta cuánto Dios puede perdonarnos. Después de haber sido perdonados sin límites por él, no limitaremos las oportunidades de perdonar a nuestros ofensores.

   Experiencia personal: _____
   _____
   _____
   _____.

   Apelación: ¿Qué cambiaría en tu actitud perdonadora si te das cuenta que tu disposición a perdonar, positiva o negativa, determina el perdón de Dios hacia ti?

Resumen: Hoy aprendimos tres claves para perdonar

basándonos en la parábola de los dos deudores; estas tres claves son:

Primera: *Lo que tienes que perdonar, es menor a lo que Dios te perdona.*

Segunda: *Deja de mirar lo que te hicieron, y empieza a mirar lo que Dios te hizo.*

Tercera: *Calcula que, tal como perdones, así te perdonará Dios.*

Llamado final: ¿Recuerdan los casos que les conté al principio del sermón? Ellos decidieron vivir felices. La niña que fue maltratada por su mamá, supo de la infancia de su madre y encontró que de niña su mamá había sido abusada, así que se propuso darle amor a su madre. Y en el caso de la mujer que descubre que estaba sanando las heridas de quien mató a su hijo, lo ayuda a abordar un taxi para llegar a un hospital a recibir atención médica; como si fuera poco, le presta su propio teléfono para que él informe su condición a su madre.

Todos podemos ver al Hijo de Dios en el igual, en el hermano, en el compañero de trabajo que nos ofendió, y poder perdonarlo, viendo en su rostro, el rostro de quien primero nos perdonó a nosotros. Hoy Jesús llama a tu puerta para que tu corazón rebose con su perdón, y poder perdonar a quien te haya ofendido. Mientras caminas al frente, yo voy a orar por ti para que el Señor te libere de ese sentimiento venenoso, llamado rencor, y puedas perdonar a quien te haya herido, así como Cristo mismo te ha dado el don maravilloso de su perdón.

ILUSTRACIÓN ADICIONAL

❖❱❱ **Walter Wink** cuenta de dos pacificadores que visitaron a un grupo de cristianos polacos diez años después de terminada la Segunda Guerra Mundial. "¿Estarían dispuestos a reunirse con otros cristianos de la Alemania Occidental?", preguntaron. "Ellos quieren pedirles perdón por lo que le hizo Alemania a Polonia durante al guerra, para comenzar a construir una relación nueva".

Al principio, reinó el silencio. Por fin, habló uno de los polacos: "Lo que ustedes nos piden es imposible. Todas las piedras de Varsovia están manchadas con sangre polaca. ¡No podemos perdonar!".

Sin embargo, antes de que se deshiciera el grupo, recitaron juntos el Padre nuestro. Cuando llegaron a las palabras "perdona nuestras deudas así como nosotros perdonamos...", todos dejaron de orar. La tensión se agigantó en aquella habitación. El polaco que había hablado antes con tanta vehemencia, volvió a hablar. "Tengo que decirles que sí. No podría volver a recitar el Padre nuestro; no me podría seguir llamando cristiano, si me niego a perdonar. A lo humano, no puedo hacerlo, pero Dios nos dará fortaleza". Año y medio más tarde, estos cristianos de Polonia y de Alemania Occidental se reunieron en Viena y entablaron lazos de amistad que perduran hasta el día de hoy.[1]

---

[1] Philip Yancey, *Gracia divina vs. condena humana* (Miami: Editorial Vida, 1998), 141.

LUPA TEOLÓGICA

Significado del verbo *perdonar* en el idioma hebreo

Hay al menos tres términos hebreos que se traducen perdón en el Antiguo Testamento: (1) *Kaphar* (רָפַּכ), "cubrir" (Deuteronomio 21:8; Salmos 78:38). (2) *Nasa* (אשנ), "llevar", quitar (culpa). Fue usada al describir la bienaventuranza del hombre, "cuya transgresión ha sido perdonada, y cubierto su pecado" (Salmos 32:1). (3) *Salach* (חָלָס), "perdonar", se usa solo del perdón que da Dios. Se emplea con referencia al perdón relacionado con los sacrificios: "obtendrán perdón" (Levítico 4:20, 26). Aparece en la oración de Salomón en la dedicación del templo (1 Reyes 8:30, 34, 36, 39, 50).[1]

Génesis 50:16, 17 menciona que los hermanos de José le pidieron perdón por la maldad que ellos le hicieron; la voz hebrea usada aquí para perdón es la palabra *nasa*. Aunque *nasa* se traduce en más de una docena de veces como perdonar, en más de 150 veces se traduce *nasa* como "llevar" y "soportar". Basándose en este uso frecuente de la palabra *nasa* en el Antiguo Testamento, Stephen Seamands, propone que "cuando perdonamos soportamos el dolor".[2]

El mismo autor, sostiene que esa es la razón por la cual el perdón es siempre costoso. Y da el siguiente ejemplo: Los padres pueden elegir perdonar al hijo díscolo. Pero lo que el hijo ha hecho ha roto sus

---

[1]Ventura, *Nuevo diccionario bíblico ilustrado*, 917.

[2]Stephen Seamands, *Heridas que sanan* (Miami, FL.: Editorial Patmos, 2004), 154.

corazones y le ha traído vergüenza a la familia. En vez de exigir que el hijo sufra por haberlos hecho sufrir, el perdón implica el sufrimiento vicario de sus padres, el soportar con sacrificio el dolor que les ha causado. El teólogo H. R. Macintosh, citado por Seamands, dice: "En cada gran perdón existirá siempre la consagración de una gran agonía".[1]

---

[1] H. R. Macintosh, *The Christian Experience of Forgiveness* (New York: Harper & Brothers, 1927), 192.

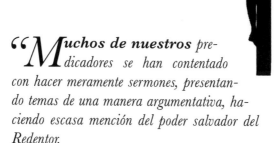

"*Muchos de nuestros predicadores se han contentado con hacer meramente sermones, presentando temas de una manera argumentativa, haciendo escasa mención del poder salvador del Redentor.*

Su testimonio estaba desprovisto de la sangre salvadora de Cristo.

Su ofrenda se parecía a la de Caín. Este trajo al Señor los frutos de la tierra, que en sí mismos eran aceptables a Dios.

Los frutos eran muy buenos; pero faltaba la virtud de la ofrenda: la sangre del cordero inmolado, que representaba la sangre de Cristo.

Así sucede con los sermones sin Cristo. No producen contrición de corazón en los hombres, ni los inducen a preguntar: ¿Qué debo hacer para ser salvo?

Los adventistas del séptimo día debieran destacarse entre todos los que profesan ser cristianos, en cuanto a levantar a Cristo ante el mundo".

(Elena G. de White, *El evangelismo*, 141).

Sermón 5

Preciosa gracia

Lectura bíblica base — **Mateo 13:44-46**

Objetivo principal

Dar a conocer que Jesucristo es la perla de gran precio, para que los oyentes reconozcan que Jesús, su Salvador, se merece todo.

Introducción

Vamos a empezar con una historia sorprendente que se hizo viral en internet en febrero de 2014. Una pareja del norte de California estaba caminando con su perro en su propiedad cuando vieron algo que apenas se miraba debajo del sendero por donde hacían su caminata. Era una lata corroída que había sido enterrada años antes. Excavaron y encontraron más latas: todas contenían monedas de oro, más de 1,400 monedas en total, por valor de más de diez millones de dólares. Las monedas fueron acuñadas en San Francisco en varias ocasiones entre los años 1847 y 1894, fechas que abarcan la época de la fiebre de oro de California. Una moneda particularmente rara en la colección fue valorada en más de un millón de dólares. Las monedas fueron valuadas en 11 millones de dólares, exactamente. Se cree que es el más valioso tesoro escondido, jamás descubierto en Estados Unidos. La mayoría de los noticiarios que cubrieron la historia destacaron el hecho de que las probabilidades de ganar la lotería son varios miles de veces mayor que la probabilidad de encontrar un tesoro tan raro.

Los expertos dicen que el papel moneda fue ilegal en California hasta la década de 1870, por lo que es extremadamente raro encontrar monedas antes de ese período. Además, la mayoría de las monedas están en perfecto estado, por lo cual se deduce que tal vez fueron escondidas inmediatamente después de haber sido acuñadas.

Según una entrevista concedida a la compañía de monedas que comercializó el tesoro, el descubrimiento sucedió en un camino que habían utilizado durante años. Los viajes subsiguientes al sitio mostraron varias latas más llenas de tesoros.[1]

Quienes las encontraron, una pareja de esposos de mediana edad, no quiso ser identificada en parte para evitar una fiebre de oro en su propiedad rural del norte de California por los buscadores en los días del hallazgo.[2]

---

[1]Who Buried the $10 Million in Coins Found by a California Couple —and Why? [¿Quién enterró los 10 millones de dólares en monedas encontradas por una pareja en California —y por qué?] https://news.nationalgeographic.com/news/2014/02/140226-gold-coins-hoard-california-discovery-numismatics/ Consultado el 6 de noviembre de 2018.

[2]California couple auctions off $11 million worth of rare gold coins they found buried in yard [Una pareja de California subastó monedas raras de oro por valor de 11 millones de dólares que *encontraron enterradas en el patio*.] http://www.nydailynews.com/news/national/calif-couple-finds-11-million-worth-gold-yard-article-1.1808077 Consultado el 6 de noviembre de 2018.

Las parábolas que hoy vamos a estudiar son cortas y sustanciosas, y están relacionadas con el hallazgo de monedas de esta pareja de californianos. Les invito a leer conmigo las parábolas en Mateo 13:44-46:

> Además, el reino de los cielos es semejante a un tesoro escondido en un campo, el cual un hombre halla, y lo esconde de nuevo, y gozoso por ello va y vende todo lo que tiene, y compra aquel campo. También el reino de los cielos es semejante a un mercader que busca buenas perlas, que habiendo hallado una perla preciosa, fue y vendió todo lo que tenía, y la compró.

En relación con la práctica antigua de enterrar tesoros, el autor del libro *Parábolas*, —el pastor John F. McArthur— comenta lo siguiente: "Ocultar un tesoro en un campo era tal vez más común en la época de nuestro Señor de lo que es hoy. Las personas ponen hoy su dinero en cuentas de ahorro y préstamos, o los invierten en acciones, bonos, valores o bienes raíces. Otros objetos de valor son normalmente encerrados en cajas de seguridad. En tiempos de Jesús, los cambistas y prestamistas operaban en conexión con el templo en lugar de hacerlo con los bancos. Ellos no ofrecían lugares seguros para almacenar la riqueza propia. La riqueza solía invertirse en tierras y posesiones. Solo personas extremadamente ricas tendrían un superávit de monedas, joyas o cualquier otro tesoro valioso, y era tarea del individuo que poseía tal exceso encontrar una manera de ocultarlo".[1]

El mismo autor añade lo siguiente sobre la costumbre de invertir en compra de perlas preciosas: "Las perlas en tiempos de Jesús eran equivalentes a los

---

[1] John MacArthur, *Parábolas* (Nashville, TN.: Grupo Nelson, 2015), 47.

diamantes en la actualidad. Perlas bien formadas eran tan valiosas como cualquier gema preciosa. Las perlas también hicieron que las riquezas fueran más fáciles de transportar. Si tenía buenas perlas, usted era dueño de una fortuna".[1]

Contexto

Las parábolas de nuestro estudio aparecen en el contexto de una serie de parábolas que se encabezaban con la frase: *"el reino de Dios es semejante a"*. De manera que, si deseamos conocer de qué se trata el reino de la gracia de Dios, tenemos dos excelentes parábolas para empezar.

Cuerpo

Basándonos en estas dos parábolas —la del tesoro escondido y la de la perla de gran precio—, podemos aprender TRES ACLARACIONES DE LA GRACIA DE DIOS. Veamos cada una de ellas:

1. PRIMERA ACLARACIÓN: *La gracia de Dios se merece todo.*
Hay algo sobresaliente en estas dos historias, que dicen mucho sobre el inmenso valor de la gracia de nuestro Señor Jesucristo. Ambos personajes principales "hicieron precisamente lo que los asesores de inversiones con más experiencia nos advertirían no hacer. El primer hombre vendió todo y compró un campo. El segundo vendió todo y compró una perla".[2]

Esto me recuerda a los discípulos de nuestro Señor Jesucristo; ellos dejaron todo por él. Leemos de

---

[1] Ibid., 50.
[2] Ibid., 50-51.

Mateo, su discípulo, en Lucas 5:28: "Después de estas cosas salió, y vio a un publicano llamado Leví, sentado al banco de los tributos, y le dijo: Sígueme. Y dejándolo todo, se levantó y le siguió". En Marcos 10:28 leemos del apóstol Pedro: "Entonces Pedro comenzó a decirle: He aquí, nosotros lo hemos dejado todo y te hemos seguido". Por su parte, el apóstol Pablo testificó: "Antes creía que esas cosas eran valiosas, pero ahora considero que no tienen ningún valor debido a lo que Cristo ha hecho. Así es, todo lo demás no vale nada cuando se le compara con el infinito valor de conocer a Cristo Jesús, mi Señor. Por amor a él he desechado todo lo demás y lo considero basura a fin de ganar a Cristo" (Filipenses 3:7, 8).[1]

¿Por qué Cristo se merece todo?

Porque él no nos dio *algo* suyo; él se dio *a sí mismo* por amor a nosotros. Nos dice 1 de Timoteo 2:5, 6: "Porque hay un solo Dios, y un solo mediador entre Dios y los hombres, Jesucristo hombre, el cual se dio a sí mismo en rescate por todos".

Cristo no se dio en *parte* por nosotros; él se entregó *todo*, por *completo*, *pleno* de entusiasmo y amor por nosotros. Gálatas 1:4 habla de "nuestro Señor Jesucristo, el cual se dio a sí mismo por nuestros pecados…".

Cristo se da todo; por tanto, él merece todo.

Cristo no nos ama con moderación. En Juan 4:14 nos ofrece: "el agua que yo le daré, será en él una fuente de agua que salte para vida eterna".

Dios no ama con moderación; por lo tanto, él no

---

[1] Nueva Traducción Viviente.

produce en nosotros amarle con moderación. En Mateo 22:3 la invitación milenaria de Jesús a sus discípulos es: "Amarás al Señor tu Dios con todo tu corazón, y con toda tu alma, y con toda tu mente".

El gran problema nuestro es que no queremos dar todo por Cristo. Randy Maxwell en su libro *Danos tu gloria*, lo dice con claridad inimitable: "Queremos Pentecostés sin Calvario. Queremos gloria sin humillación. Queremos reavivamiento en nuestros términos, dentro de los confines de nuestros horarios. Un golpe de estado sin sangre. Queremos ofrecer lo que no nos cuesta nada".[1]

2. **SEGUNDA ACLARACIÓN:** *La gracia de Dios inspira todo.* Ha llegado Navidad. La joven esposa solo tiene $1.87 el día antes de Navidad para comprarle un regalo a su esposo. Y decide vender su cabello largo para comprarle una cadena de oro para el reloj que él tanto amaba. Frente al mismo dilema de él para decidir qué darle a su esposa como regalo de Navidad, él vende el reloj para comprarle a ella unas peinetas hermosas para su larga cabellera.[2]

Una vez que el creyente se encuentra con el amor de Dios, su corazón es movido a darlo todo gozosamente por amor a su Salvador. Leemos en el libro *La educación*, de Elena G. de White: "Una vez que la mirada se fija en él [Cristo], la vida halla su centro… El deber llega a ser un deleite y el sacrificio un placer. Honrar a Cristo, asemejarse a él, es la ambición superior de la vida y su mayor gozo".[3]

[1] Randy Maxwell, *Danos tu gloria* (Nampa, ID.: Pacific Press, 2000), 60-70.

[2] Brennan Manning, *El evangelio de los andrajosos* (Lake Mary, FL.: Casa Creación, 2015), 98.

[3] Elena G. de White, *La educación* (Mountain View, CA.: Publicaciones Interamericanas, 1980), 297.

John Newton, autor del himno *Sublime Gracia*, escribió otro himno que expresa esta misma verdad con verdadero acierto:

> *Placer y deber eran opuestos,*
> *pero su belleza hemos visto*
> *y jamás se apartarán.*[1]

El apóstol Pablo lo resumió en los siguientes términos: **"El amor de Cristo domina nuestras vidas.** Sabemos que él murió por todos y que, por lo tanto, todos hemos muerto. Así que, si Cristo murió por nosotros, ya no debemos vivir más para nosotros mismos, sino para Cristo, que murió y resucitó para darnos vida" (2 Corintios 5:14-15).[2]

Cuenta el relato anónimo sobre la relación especial entre Serapio y su perro Manchado. Serapio es un mendigo que deambula por las calles de la ciudad, acompañado de su fiel escudero: un perro de apariencia malograda, de nombre Manchado. Serapio no pide dinero. Siempre acepta las sobras de las comidas de otros: un pedazo de pan, de fruta, de lo que sea.

Serapio era conocido como un buen hombre que perdió la razón, la familia, los amigos, e inclusive la identidad. Él no era un alcohólico y siempre se le miraba tranquilo en espera de ayuda por parte de un alma caritativa. Serapio sonreía agradecido a todos los que le extendían la mano en ayuda. De todo lo que recibía le daba primero a Manchado, quien comía pacientemente y esperaba un poco más. No tenían dónde

---

[1] Timothy Keller, *El Dios pródigo* (Miami, FL.: Editorial Vida, 2011), 75.
[2] Traducción en lenguaje actual. El énfasis en negrita e itálica, ha sido agregado.

dormir y se acostaban donde les sorprendía la noche. A veces era debajo de un puente. Cierto día alguien se le acercó intrigado para preguntarle por su amistad con Manchado. Serapio dijo que todo comenzó por un pedazo de pan que él había compartido con el perro de calle. Que desde entonces Manchado vigila su sueño cuando duerme; y que él sigue compartiendo su comida con su fiel acompañante. De repente alguien extendió la mano con un perro caliente para Serapio. Él abrió bien los ojos, dibujó una sonrisa de gratitud, sacó la salchicha y con gusto se la dio a Manchado. Para él, solo dejó el pan con salsa. El donante observó lo que pasó y le preguntó por qué le había dado la salchicha a Manchado. Con una sonrisa y todavía con la boca llena, respondió con aire de realización: "Para el mejor amigo, el mejor pedazo". Y siguió comiendo alegre y satisfecho.

¡Y cuánto más no se merece Jesús, nuestro mejor amigo!

3. **Tercera aclaración:** *La gracia de Dios lo compromete todo.* Juan Carlos Ortiz, autor del libro *Discípulo*,[1] contiene un diálogo interesante que ilustra esta tercera aclaración sobre la gracia de nuestro Señor Jesucristo. Veamos:

> En este capítulo 13 de Mateo, en el que Jesús enseñó que el reino de Dios era como un comerciante que buscaba perlas finas y que, cuando encontró la perla de gran precio, vendió todo cuanto poseía para comprarla. Lo mismo dijo del hombre que halla el tesoro escondido en un campo. El reino de la

---

[1] Juan Carlos Ortiz, *Discípulo* (Buenos Aires: Editorial Peniel, 2007), 40-42.

gracia de Dios es el tesoro escondido, es la perla de gran precio. Al ser expuestos a la preciosa gracia de Dios, debemos dar todo lo que somos y todo lo que tenemos para poseerla.

—¿Cuánto cuesta esta perla? —preguntamos.

—Bueno —dirá el vendedor—, es muy cara.

—Bien, pero ¿cuánto cuesta? —insistimos.

—Es muy, muy cara.

—¿Piensa que podré comprarla?

—Por supuesto. Cualquiera puede comprarla.

—Pero ¿no acaba de decirme que es muy cara?

—Sí.

—Entonces, ¿cuánto cuesta?

—Todo cuanto usted tiene —responde el vendedor.

—Muy bien, estoy decidido ¡se la compro!

—Perfecto. ¿Cuánto tiene usted?

—Tengo cinco mil dólares en el banco.

—Bien. ¿Qué más?

—Eso es todo cuanto poseo.

—¿No tiene nada más?

—Bueno... tengo unos dólares en la billetera.

—¿Cuántos?

—Veamos, este... diez, veinte, treinta... aquí está todo ¡cincuenta dólares!

—Estupendo. ¿Qué más tiene?

—Ya le dije. Nada más. Eso es todo.

—¿Dónde vive?

—Pues, en mi casa.

—¿Tiene una casa? ¡La casa también!

—Bueno, suerte que tengo una casa de campo.

—¿Conque también tiene una casa de campo? ¡Esa también entra! ¿Qué más tiene?

—Pero si se la doy, tendré que dormir en mi automóvil.

—¿Así que también tiene un auto?

—Bueno, a decir verdad, tengo dos.

—Ambos coches pasan a ser de mi propiedad. ¿Qué otra cosa?

—Mire, ya tiene mi dinero, mis casas, mis dos automóviles. ¿Qué otra cosa quiere?

—¿Es usted un soltero en la vida?

—No, tengo esposa y dos hijos...

—Su esposa y niños también pasan a ser míos. ¿Qué más tiene?

—¡No me queda ninguna otra cosa! He quedado yo solo.

—Esta perla requiere todo, todo. ¡Usted pasa a ser de mi propiedad!

Ahora, preste atención: todo lo que usted me dio es lo que cuesta esta perla preciosa, el reino de Dios. Usted ha entrado a mi reino, la perla preciosa es suya. Pero, ¡espere! Todavía no he terminado. Usted es ahora miembro de la familia de Dios y tiene vida eterna. Pero mientras esté en esta tierra, voy a permitirle vivir en la casa que tiene en la ciudad y en la del campo. Le doy permiso para que usted viva con su esposa y sus hijos, use sus dos autos y también le permito utilizar todo el dinero que me dio para comprar la perla.

—Pero entonces, si me devuelve todo lo que le di para comprar la perla, ¿cuál es la diferencia?

—¡Oh! una diferencia muy grande. Como la casa donde usted vive es ahora mía, yo quiero que esté abierta a la hospitalidad, que sus vecinos encuentren allí la salvación, que funcione allí una célula misionera. También quiero que los automóviles estén a mi servicio. El auto es mío, usted es mi chofer. Si necesito el auto para llevar de emergencia a un vecino al hospital, o llevar a un amigo a la iglesia o cualquier otra cosa, no olvide que el auto es mío, y usted es mi chofer. También el dinero que le devolví es mío, debe darme el diez por ciento y gastar el resto con cuidado. Todo lo que usted tiene es mío y debe estar a mi servicio. ¡Goce mi reino y cuide mis cosas!

Resumen:

En nuestro mensaje de hoy aprendimos tres aclaraciones sobre la gracia de Dios. Repasemos:

Primera aclaración: *La gracia de Dios se merece todo.*

Segunda aclaración: *La gracia de Dios inspira todo.*

Tercera aclaración: *La gracia de Dios lo compromete todo.*

Conclusión

Los autores de *Un tercer plato de sopa de pollo para el alma*, cuentan el siguiente interesante encuentro entre una madre y su pequeño:[1]

Una tarde el pequeño se acercó a su madre, que preparaba la cena en la cocina, y le entregó una hoja de papel en la que había escrito algo. Después de secarse las manos en el delantal, ella leyó:

Por cortar el césped	$5.00
Por limpiar mi cuarto esta semana	$1.00
Por ir al almacén en tu lugar	$0.50
Por cuidar a mi hermanito	$0.25
Por sacar la basura	$1.00
Por tener un boletín con buenas notas	$5.00
Por limpiar y barrer el patio	<u>$2.00</u>
Total adeudado:	$14.75

Bueno, el caso es que la madre lo miró con fijeza; él aguardaba lleno de expectativa. Después tomó el bolígrafo y, en el dorso de la misma hoja, ella escribió:

Por nueve meses en mi panza	Nada
Por tantas noches de velarte	Nada
Por problemas y llantos que me causaste	Nada
Por el miedo a las preocupaciones	

---

[1] Jack Canfield y Mark Víctor Hansen, *Un tercer plato de sopa de pollo para el alma* (Deerfield Beach, FL.: Health Communications, Inc, 1997), 67-68.

futuras	Nada
Por juguetes, comida y ropa	Nada
Por limpiarte la nariz	Nada
Costo total de mi amor:	Nada

Cuando el niño terminó de leer lo que había escrito su madre, tenía los ojos llenos de lágrimas. La miró a los ojos y le dijo:

—Te quiero mucho, mamá.

Luego tomó su bolígrafo y escribió con letras muy grandes: TOTALMENTE PAGADO.

Llamado

Cristo pagó *todo* por nosotros. Lo hizo solo por amor. Jesús venció por salvarte a ti y a mí. En este momento él está aquí, él habla hoy a la puerta de tu corazón. No grita, él nos habla. Te susurra porque quiere entrar en tu corazón y vivir la vida contigo. Jesús quiere salvarte.

Yo sé que entre nosotros hay por lo menos tres grupos de personas. Y voy a invitar a cada grupo a venir al frente para orar por ustedes. En primer lugar, quiero invitar a pasar al frente a rededicar su vida a Jesús a quienes ya han sido cristianos por mucho tiempo y quieren reconsagrarse al Señor. En segundo lugar, quiero invitar a ponerse de pie a aquellos que por alguna razón se apartaron de la iglesia, y hoy desean renovar su amor por el Señor Jesucristo. Y el tercer llamado va dirigido para los que por primera vez desean entregarse a Jesús, y hoy quieren decirle: "Señor Jesús, vengo a ti, cansado y débil, con mis culpas y faltas, deseoso de pedir que pongas en mí el deseo de rendirte toda mi vida; ayúdame a entregarme por completo a ti, ayúdame a ser tuyo, ayúdame a hacer tu voluntad. Amén".

BOSQUEJO DE PRECIOSA GRACIA

Lectura bíblica base: Mateo 13:44-46

Punto central: La gracia de Dios es el regalo más precioso que Dios ha dado a los mortales.

Introducción: Pareja californiana encuentra en el patio de su propiedad monedas de oro valuadas en 11 millones de dólares. Los noticiarios que cubrieron la historia destacaron el hecho de que las probabilidades de ganar la lotería son varios miles de veces mayor que la probabilidad de encontrar un tesoro tan raro.

Tres aclaraciones sobre la gracia de Dios

1. **Primera aclaración:** *La gracia de Dios se merece todo.*

Aplicación: El corazón es movido a entregarlo TODO cuando recibe por la gracia de Dios la salvación TOTAL en Cristo.

Testimonio personal: _____
_____
_____.

Apelación: ¿Quieres pedirle al Espíritu Santo que te ayude a ver dos cosas: tu miseria y pobreza espiritual, y las riquezas infinitas de la gracia de Jesucristo dispuestas a tu favor?

2. **Segunda aclaración:** *La gracia de Dios inspira todo.*

Aplicación: La medida del amor es dar sin medida al ser amado. La medida de la gracia es dar sin medida al inamable.

Ilustración: _____

_____

_____

_____.

Apelación: ¿Quieres pedirle a Dios que te dé un corazón que sea movido por lo mismo que movió al corazón del Hijo para venir a entregarlo todo por un mundo en rebelión?

3. Tercera aclaración: *La gracia de Dios lo compromete todo.*

Aplicación: La gracia de Dios no exige nada a cambio, pero nos mueve a comprometerlo todo por amor.

Experiencia personal: _____

_____

_____

_____.

Apelación: ¿Cómo le expresarías al Señor tu deseo de tener un corazón dispuesto a comprometerlo todo por su amor?

Resumen: Hoy aprendimos tres aclaraciones sobre la gracia de Dios basándonos en las parábolas del tesoro escondido y la perla de gran precio; estas tres aclaraciones son:

Primera: *La gracia de Dios se merece todo.*

Segunda: *La gracia de Dios inspira todo.*

Tercera: *La gracia de Dios lo compromete todo.*

Llamado final: El niño que elabora un papelito con

una lista de deberes domésticos que realiza en su casa, con los cuales pretende cobrarle una deuda a su madre. La madre lo lee y le escribe en el mismo papelito lo que ella ha hecho por él sin cobrarle un solo centavo. El niño lo lee y le escribe a su madre: "Te quiero mucho, mamá. TOTALMENTE PAGADO".

Alguien más lo pagó todo por nosotros para salvarnos. Fue Jesús, el Hijo de Dios. Su sacrificio mueve nuestros corazones a entregárselo todo a sus pies por amor.

Hoy voy a orar por tres grupos de personas. En primer lugar, quiero invitar a pasar al frente a rededicar su vida a Jesús a quienes ya han sido cristianos por mucho tiempo y quieren reconsagrarse al Señor. En segundo lugar, quiero invitar a ponerse de pie a aquellos que por alguna razón se apartaron de la iglesia y hoy desean renovar su amor por el Señor Jesucristo. Y el tercer llamado va dirigido para los que por primera vez desean entregarse a Jesús, y hoy quieren decirle: "Señor Jesús, vengo a ti, cansado y débil, con mis culpas y faltas, deseoso de pedir que pongas en mí el deseo de rendirte toda mi vida; ayúdame a entregarme por completo a ti, ayúdame a ser tuyo, ayúdame a hacer tu voluntad. Amén".

ILUSTRACIÓN ADICIONAL

❧❧ ***No hace mucho tiempo*** la esclavitud era una triste realidad social en los Estados Unidos, como también en otras partes del mundo. Seres humanos eran tratados como si fuesen mercancías; se compraban y vendían al mejor postor. Se cuenta que cierto día, en una subasta pública donde se compraban y vendían esclavos, se puso a la venta un esclavo, joven y fuerte. Lo vendían porque era rebelde, se negaba a trabajar para su amo.

Un señor que conocía bien su historia decidió comprarlo, por lo que aumentó sus ofertas hasta que finalmente se quedó con él. Una vez concluida la transacción, el esclavo le dio una mirada recelosa a su nuevo amo, como diciéndole que tampoco trabajaría para él. Al llegar a la casa, en vez de mostrarle el látigo y enviarlo a trabajar, su nuevo amo le dio una noticia que el esclavo pensó que jamás oiría. Le dijo que lo había comprado para dejarlo en libertad.

"Desde este momento tú eres libre, tan libre como yo". Cuando el esclavo comprendió que lo que estaba oyendo era verdad, que era libre, abrazó a su amo y le dijo: "yo quiero trabajar con usted para siempre". La liberación de la esclavitud le dio una nueva dimensión a su vida. Se convirtió en un trabajador modelo. Su mayor placer era ahora hacer lo mejor a favor de ese hombre que había mostrado tanta generosidad para con él.¹

---

¹Atilio Dupertuis, *Lo hizo por ti* (Nampa, ID.: Pacific Press, 2001), 72-73.

LUPA TEOLÓGICA

¿Por qué la gracia *genuina* no puede ser barata?

Se le atribuye al teólogo alemán, Dietrich Bonhoeffer (1906-1945), haber acuñado la expresión: "gracia barata". Para él, "la gracia barata es la gracia sin discipulado, la gracia sin la cruz, la gracia sin Jesucristo, la vida y la encarnación".[1] Y añade: "La gracia barata significa la justificación del pecado sin la justificación del pecador... la gracia barata es la gracia que nos otorgamos a nosotros mismos. La gracia barata es la predicación del perdón sin requerir arrepentimiento...".[2]

La gracia de Jesucristo es genuina porque abunda en frutos de "amor, gozo, paz, paciencia, benignidad, bondad, fe, mansedumbre, templanza" (Gálatas 5:22, 23). Jesús dijo: "Os he puesto para que vayáis y llevéis fruto, y vuestro fruto permanezca..." (Juan 15:16). Y fue Carlos Spurgeon quien ilustraba que "la fe y la obediencia están dentro del mismo paquete; el que obedece a Dios confía en Dios; y el que confía en Dios, obedece a Dios. El que está sin fe, está sin obras, y el que está sin obras, está sin fe".[3]

Al escribirles a los hermanos de Galacia sobre los

---

[1] M. M. Thompson, *1–3 John* (1 Jn 2.3) (Downers Grove, IL.: InterVarsity Press., 1992).

[2] R. Castleman, "The Last Word: The Skim-milk Gospel of Cheap Grace", *Themelios*, 30/1 (2004), 52.

[3] M. Water, *The New Encyclopedia of Christian Quotations* (Alresford, Hampshire: John Hunt Publishers, 2000), 349.

peligros del legalismo, el apóstol Pablo les aclara los límites de la libertad bajo la gracia de Jesucristo; él les puntualiza: "Porque vosotros, hermanos, a libertad fuisteis llamados; solamente que no uséis la libertad como ocasión para la carne, sino servíos por amor los unos a los otros" (Gálatas 5:13).

Y en cuanto al arrepentimiento, cuando se ha recibido la bondad de Dios, es ella, de modo natural, no ningún poder humano, la que conduce al cambio de mentalidad, al arrepentimiento. "Dios es muy bueno, y tiene mucha paciencia, y soporta todo lo malo que ustedes hacen. Pero no vayan a pensar que lo que hacen no tiene importancia. *Dios los trata con bondad, para que se arrepientan de su maldad*" (Romanos 2:4).[1] La última parte de este texto dice en la versión *Nueva traducción viviente:* "¿No ves que la bondad de Dios es para guiarte a que te arrepientas y abandones tu pecado?".

---

[1]Traducción en lenguaje actual. El énfasis en negrita e itálica, ha sido agregado.

"**Cada mensajero debería** sentir la preocupación de exponer la perfección de Cristo.

Cuando no se presenta el don gratuito de la justicia de Cristo, los discursos resultan secos e insípidos; y como resultado las ovejas y los corderos no son alimentados.

En el Evangelio hay sustancia y fecundidad. Jesús es el centro viviente de todas las cosas.

Poned a Cristo en cada sermón. Espaciaos en las excelencias, la misericordia y la gloria de Jesucristo hasta que Cristo se forme interiormente como la esperanza de gloria.

Reunamos lo que nuestra propia experiencia nos ha revelado acerca de la excelencia de Cristo, y presentémoslo a otras personas como una joya preciosa que refulge y brilla.

Así es como el pecador será atraído hacia Aquel que es representado como uno señalado entre diez mil y todo él codiciable.

La cruz del Calvario es para nosotros una promesa de vida eterna. La fe en Cristo es todo para el creyente sincero. Los méritos de Jesús borran las transgresiones y nos visten con el ropaje de la justicia tejido en los telares del cielo. Se nos presenta la corona de vida como el honor que se dará al fin del conflicto. Hay que exponer con todo énfasis estas verdades preciosas".

(Elena G. de White, *El evangelismo*, 140).

Sermón 6

Reveladora gracia

Lectura bíblica base — **Lucas 15:11-32**

Objetivo principal

Dar a conocer que Jesucristo desea salvarnos de la ceguera religiosa, para que los oyentes reconozcan que ⇥ *su necesidad de Jesús es mayor de lo que perciben.*

Introducción

Cierto día un muchachito de unos seis años, entró a una antigua y tradicional iglesia, llena de candelabros y velas encendidas. En su inocencia, pensó que era el cumpleaños de Jesús y comenzó a apagar todas las velas, mientras cantaba *Cumpleaños feliz*. El sacerdote lo vio y horas más tarde fue a su casa con el fin de darle algunas lecciones de respeto y reverencia por las cosas de Dios.

Con aire solemne dijo a la madre del muchachito: "Necesito hablar con su hijo". La madre subió al segundo piso y le dijo a su hijo que bajara. El sacerdote miró bien a los ojos del niño y le preguntó: "¿Dónde está Dios?". El muchachito, asustado, no decía nada, aunque sus ojitos se abrían mucho, y tragaba saliva. El sacerdote le preguntó por segunda vez: "¿Dónde está Dios?". El muchachito no sabía qué hacer, sus manos transpiraban, sus piernas temblaban, pero no dijo nada. Por tercera vez, el sacerdote le preguntó: "No estoy jugando, ¿dónde está Dios?" El muchachito subió las escaleras como un rayo, y buscando a la madre le dijo casi sin aliento: "Mami, ayúdame, ellos perdieron a Dios, y piensan que yo lo escondí".[1]

La parábola que hoy vamos a estudiar, habla de alguien más que perdió a Dios. Y como la cosa más trágica, es posible estar cerca de la religión, pero lejos de Dios. Leamos Lucas 15: 11-32:

"Para ilustrar mejor esa enseñanza, Jesús les contó la siguiente historia: 'Un hombre tenía dos hijos. El hijo menor le dijo al padre: 'Quiero la parte de mi herencia ahora, antes de que mueras'. Entonces el padre accedió a dividir sus bienes entre sus dos hijos. Pocos días después, el hijo menor empacó sus pertenencias y se mudó a una tierra distante, donde derrochó todo su dinero en una vida desenfrenada. Al mismo tiempo que se le acabó el dinero, hubo una gran hambruna en todo el país, y él comenzó a morirse de hambre. Convenció a un agricultor local para que lo contratara, y el hombre lo envió al campo para que diera de comer a sus cerdos. El joven llegó a tener tanta hambre que hasta las algarrobas con las que alimentaba a los cerdos le parecían buenas para comer, pero nadie

---

[1]Alejandro Bullón, *A solas con Jesús* (Doral, FL.: APIA, 1998), 298.

le dio nada. Cuando finalmente entró en razón, se dijo a sí mismo: 'En casa, hasta los jornaleros tienen comida de sobra, ¡y aquí estoy yo, muriéndome de hambre! Volveré a la casa de mi padre y le diré:

'Padre, he pecado contra el cielo y contra ti. Ya no soy digno de que me llamen tu hijo. Te ruego que me contrates como jornalero'. Entonces regresó a la casa de su padre, y cuando todavía estaba lejos, su padre lo vio llegar. Lleno de amor y de compasión, corrió hacia su hijo, lo abrazó y lo besó. Su hijo le dijo: 'Padre, he pecado contra el cielo y contra ti, y ya no soy digno de que me llamen tu hijo'. Sin embargo, su padre dijo a los sirvientes: 'Rápido, traigan la mejor túnica que haya en la casa y vístanlo. Consigan un anillo para su dedo y sandalias para sus pies. Maten el ternero que hemos engordado. Tenemos que celebrar con un banquete, porque este hijo mío estaba muerto y ahora ha vuelto a la vida; estaba perdido y ahora ha sido encontrado'. Entonces comenzó la fiesta.

Mientras tanto, el hijo mayor estaba trabajando en el campo. Cuando regresó, oyó el sonido de música y baile en la casa, y preguntó a uno de los sirvientes qué pasaba. 'Tu hermano ha vuelto — le dijo—, y tu padre mató el ternero engordado. Celebramos porque llegó a salvo'. El hermano mayor se enojó y no quiso entrar. Su padre salió y le suplicó que entrara, pero él respondió: 'Todos estos años, he trabajado para ti como un burro y nunca me negué a hacer nada de lo que me pediste. Y en todo ese tiempo, no me diste ni un cabrito para festejar con mis amigos. Sin embargo, cuando este hijo tuyo regresa después de haber derrochado tu dinero en prostitutas, ¡matas el ternero engordado para celebrar!' Su padre le dijo: 'Mira, querido hijo, tú siempre has estado a mi lado y todo lo que tengo es tuyo. Teníamos que celebrar este día feliz. ¡Pues tu hermano estaba muerto y ha vuelto a la vida! ¡Estaba perdido y ahora ha sido encontrado!'.[1]

Mucho se ha dicho y más se podría decir sobre esta parábola; por cierto, es una de las más populares del Señor Jesús, conocida como la parábola del hijo pródigo. Sabemos la historia: son dos hijos y un padre. Uno le pide al padre la parte de su herencia y se marcha. Pierde todo y regresa arrepentido a los brazos del papá. A su regreso hubo fiesta. El muchacho fue admitido de nuevo por su padre como si nada hubiera pasado. Por cierto, conocemos bastante sobre el hijo menor, el que se fue y regresó arrepentido, y tal vez hemos hablado suficiente de él; pero la parábola también presenta al otro hijo, al hijo que no se fue de casa.

Tal vez sea hora que hablemos, no del hijo que se marchó, sino del hijo que se quedó. El sermón de hoy estará concentrado en el hijo mayor, en el hijo *bueno* de la parábola.

Contexto

El contexto de las tres parábolas de Lucas 15 (de la oveja perdida, de la moneda perdida, y del hijo pródigo) está en Lucas 15:1, 2, donde leemos que: "Se acercaban a Jesús todos los publicanos y pecadores para oírle. Y los fariseos y escribas murmuraban, diciendo: Éste a los pecadores recibe, y con ellos come".

---

[1] Nueva Traducción Viviente.

Reveladora gracia

Un grupo de personas religiosas, de gente muy "correcta", conocidos como los fariseos y los escribas, criticaban a Jesús por amar y juntarse con quienes ellos despreciaban. A causa de ellos, Jesús narra esta serie de tres parábolas, entre ellas, la parábola del hijo pródigo.

Cuerpo

Basándonos en la conducta del hermano mayor de la parábola, podemos identificar TRES SEÑALES DE ESTAR CERCA DE LA RELIGIÓN, PERO LEJOS DE DIOS. Veamos cada una:

1. PRIMERA SEÑAL: *Juzgar a otros con la religión.* El hermano mayor menosprecia a su hermano, lo rechaza, lo juzga y condena. El hermano mayor va más allá: él se refiere delante de su padre con desprecio al llamar a su hermano como "este tu hijo" (Lucas 15:30). En relación con esta actitud nociva de criticar a los demás, Elena G. de White escribió lo siguiente: "El pecado que conduce a los resultados más desastrosos es el espíritu frío de crítica inexorable, que caracteriza al fariseísmo. *Cuando no hay amor en la experiencia religiosa, no está en ella Jesús ni el sol de su presencia.* Puede haber una agudeza maravillosa para descubrir los defectos de los demás; pero a toda persona que manifiesta tal espíritu, Jesús le dice: '¡Hipócrita! saca primero la viga de tu propio ojo, y entonces verás bien para sacar la paja del ojo de tu hermano'. *El culpable del mal es el primero que lo sospecha.* Trata de ocultar o disculpar el mal de su propio corazón condenando a otro".[1]

---

[1] Elena G. de White, *Discurso maestro de Jesucristo* (Mountain View, CA.: Publicaciones Interamericanas, 1980), 107. Énfasis en negrita e itálica ha sido agregado.

Pero el hijo mayor no ve que él es otro igual a su hermano, como bien lo observa el doctor Roberto Badenas: "Paradójicamente, cuanto más quiere el mayor distanciarse de su hermano, más se le parece. Si el pequeño exigió al padre: 'Dame mi dinero y seré feliz', el mayor le reprocha: 'Nunca me has dado nada. Nunca he sido feliz, por tu culpa'".[1]

Cerca de la religión, pero lejos de Dios, produce creyentes severos para juzgar a sus hermanos; su corazón está árido, privado del manantial del amor de Dios. En un libro pequeño titulado *Ayuda en la vida cotidiana*, Elena G. de White aclaró lo siguiente: "Si comprendemos la longanimidad de Dios para con nosotros, nunca juzgaremos ni acusaremos a nadie".[2]

En una época difícil y de crisis en la historia de la Iglesia Adventista del Séptimo día, días aquellos en los cuales hubo un clima extremadamente contaminado por el espíritu tóxico de la crítica, Elena G. de White pronunció las siguientes palabras de represión a la iglesia: "Hay muchos cuya religión consiste en criticar los hábitos de vestimenta y modales de otros. Ellos quieren llevar a cada uno a su propia medida. Desean alargar a aquellos que parecen demasiado cortos para su estándar, y reducir a otros que parecen demasiado largos. Han perdido el amor de Dios fuera de sus corazones; pero piensan que tienen un espíritu de discernimiento. Piensan que es su prerrogativa criticar y pronunciar el juicio; pero deberían arrepentirse de su error y apartarse de sus pecados... Amémonos unos a otros. Tengamos armonía y unión en nuestras filas.

Tengamos nuestros corazones santificados a Dios.

---

[1] Roberto Badenas, *Para conocer al Maestro* (Madrid: Safeliz, 2006), 126.

[2] Elena G. de White, *Ayuda en la vida cotidiana* (Nampa, ID.: Pacific Press, 2017), 32.

Miremos la luz que permanece en nosotros en Jesús. Recordemos cuán tolerante y paciente fue con los hijos errantes de los hombres. Estaríamos en un estado desafortunado si el Dios del cielo fuera como uno de nosotros, y nos tratara como nos inclinamos a tratarnos unos a otros".[1]

Nada nos hace más daño que causarnos daño entre nosotros. Se atribuye al escritor, poeta y aforista polaco, Stanislaw Jerzy Lec, haber dicho algo verdadero desde cualquier sentido: "Reina el sinsabor general porque nos devoramos mutuamente".

No somos lo bastante buenos como para juzgar. ¿Puede el que padece de hambre acusar al mendigo? ¿Puede el enfermo burlarse del doliente? ¿Puede el ciego juzgar al sordo? ¿Puede el pecador condenar al pecador? No. Solo Uno puede juzgar y ese Uno no está predicando ni escuchando este sermón.[2]

Al respecto, Elfred Dynes escribió: "El cristiano debe llamar al pecado 'pecado', pero llamarle 'pecador' al pecador, solo le corresponde a Dios".[3] ¡Nada más cierto!

El hijo mayor, cerca de la religión, pero lejos de Dios, no veía sus propias faltas, pero sí veía las de su hermano menor. Condenaba a su hermano al verle sus lados rotos, inconsciente de los propios. Sufría la peor de todas las cegueras. El poeta uruguayo, Eduardo Galeano, lo dijo con delicadeza: "Todos tenemos algún vidrio roto en el alma, que lastima y hace sangrar, aunque sea un poquito". Pero no

---

[1] Elena G. de White, *The Review and Herald* (27 August, 1889), 530.

[2] Adaptado de Max Lucado, *En manos de la gracia* (Nashville, TN.: Grupo Nelson, 1997), 52.

[3] Elfred Deynes, https://twitter.com/elfreddeynes Consultado el 8 de febrero de 2019.

solo se nos olvida que todos estamos rotos; también se nos olvida que la parte más rota de una crayola todavía sigue siendo útil para pintar.

Si al leer la Biblia nos sentimos más justos —aclara Timothy Keller, "entonces la estamos leyendo mal, estamos perdiendo su mensaje principal. Leemos y usamos la Biblia correctamente solo cuando nos humilla a nosotros, nos critica a nosotros, y nos anima con el amor y la gracia de Dios, a pesar de nuestras faltas".[1]

2. **Segunda Señal:** *Padecer la religión.* El hermano mayor representa al religioso que no conoce la gracia del Padre y la rechaza; por lo tanto, el regreso de su hermano no es motivo de gozo. Estos creyentes no aman el evangelismo en la iglesia, se quejan de ello, protestan que se haga mucho evangelismo. Ellos aman la disciplina en la iglesia, porque creen que los hermanos menores son una vergüenza de la que hay que deshacerse. En vez de gozarse por la salvación de su hermano menor, al contrario, el relato dice que el hermano mayor "se enojó" (Lucas 15:28). Sin embargo, para el padre, por el retorno de su hijo "era necesario hacer fiesta y regocijarnos" (Lucas 15:32).

En la experiencia religiosa del hermano mayor no había una obediencia gozosa; solo había una obediencia externa, de apariencias y de formas. Tenía un corazón lleno de resentimientos porque con su religión se había esforzado en obedecer, pero obedecer sin el gozo del que obedece por amor, desinteresadamente. Sintamos su pesar y frustración al admitir ante su padre: "He aquí, tantos años te

---

[1] Timothy Keller, https://twitter.com/DailyKeller/status/1059460641910677505 Consultado el 9 de noviembre de 2018.

sirvo, no habiéndote desobedecido jamás, y nunca me has dado ni un cabrito" (Lucas 15:29). En el hijo mayor había un sentido de obligación, pero no había gozo; su religión le era una carga, sin paz y sin deleite. ¿Cuál es el fruto de una religión así? He aquí el resultado: "El hombre que trata de guardar los mandamientos de Dios solamente por un sentido de obligación —porque se le exige que lo haga— nunca sentirá el gozo de la obediencia. Él no obedece. Cuando los requerimientos de Dios son considerados como una carga porque se oponen a la inclinación humana, podemos saber que la vida no es una vida cristiana. La verdadera obediencia es el resultado de la obra efectuada por un principio implantado dentro".[1]

Y no puede haber gozo en una religión así, porque desconoce que —como el autor de *Justificados desde adentro*— dice: "la prueba para ti o para mí no equivaldrá a tener que guardar la ley de Dios, porque nuestro Señor Jesús ya ha pasado esa prueba, y la Biblia es bien clara al declarar que su vida de perfecta obediencia y sumisión se nos concede gratuitamente como un regalo". Pero por otra parte, el mismo autor advierte: "No quiero decir con esto que los creyentes en el Señor no debieran ser guardadores de los mandamientos, porque debiéramos serlo (ver 1 Juan 2:4; 5:3)".[2] La enorme diferencia es que ahora el creyente no vive una obediencia por obligación, sino que vive una obediencia gozosa, siendo ésta la verdadera obediencia.

¿En qué se diferencia la verdadera religión de la falsa, entonces? La religión falsa opera bajo el principio

---

[1] Elena G. de White, *Palabras de vida del gran Maestro* (Buenos Aires: ACES, 1977), 70.

[2] Stuart Cedrone, *Justificación desde adentro* (Buenos Aires: ACES, 1996), 77-78.

de "Yo obedezco, así como se oye, en frío, a lo militar; por lo tanto, yo soy acepto delante de Dios". En cambio, el principio básico del evangelio es: "Yo soy aceptado por Dios a través de la obra de Cristo Jesús; por lo tanto, yo le obedezco gozosamente".

Elena G. de White lo aclara con irrefutable precisión: "No debemos confiar absolutamente en nosotros mismos ni en nuestras buenas obras. Sin embargo, cuando vamos a Cristo como seres falibles y pecaminosos, podemos hallar descanso en su amor. Dios aceptará a cada uno que acude a él confiando plenamente en los méritos de un Salvador crucificado. El amor surge del corazón. Puede no haber un éxtasis de sentimientos, pero hay una confianza pacífica permanente. Toda carga se hace liviana, pues es fácil el yugo que impone Cristo. El deber se convierte en una delicia, y el sacrificio en un placer. La senda que antes parecía envuelta en tinieblas se hace brillante con los rayos del Sol de Justicia. Esto es caminar en la luz como Cristo está en la luz".[1]

La mejor prueba de que la obediencia ha sido gozosa es que el creyente goza de paz, y no juzga, respeta y no condena la experiencia religiosa de los demás. Es bueno, sensible, misericordioso y compasivo con las faltas ajenas.

Elena G. de White también advirtió sobre los peligros de una religión fría, sin el amor de Cristo; ella anotó: "Hay quienes profesan servir a Dios a la vez que confían en sus propios esfuerzos para obedecer su ley, desarrollar un carácter recto, y asegurarse de la salvación. Sus corazones no son movidos por algún sentimiento profundo del amor

---

[1]White, *Mensajes selectos*, 1:416.

de Cristo, sino que procuran cumplir los deberes de la vida cristiana como algo que Dios les exige para ganar el cielo. Una religión tal no tiene valor alguno. Cuando Cristo mora en el corazón, el alma rebosa de tal manera de su amor y del gozo de su comunión, que se aferra a él y, contemplándole, se olvida de sí misma. El amor a Cristo es el móvil de sus acciones".[1]

Cerca de la religión, pero lejos de Dios, vuelve la vida centrada en el yo; y en una vida centrada en el ego, cabe toda la infelicidad del mundo y sus habitantes.

3. **Tercera señal:** *Negar a Dios con la religión.* Sabemos que el hijo mayor de la parábola negó el amor que profesaba a su padre porque él le negaba el amor a su hermano. La Biblia lo confirma en 1 Juan 4:8: "El que no ama, no ha conocido a Dios; porque Dios es amor". Pero no solo eso, el hermano mayor no solamente le negaba el amor a su hermano, fue más allá: él lo despreciaba. ¿No le dijo a su padre "este tu hijo" (Lucas 15:30), con menosprecio y rechazo? Había una contradicción en su corazón. El apóstol Juan nos dice en 1 Juan 4:20: "Si alguno dice: Yo amo a Dios, y aborrece a su hermano, es mentiroso. Pues el que no ama a su hermano a quien ha visto, ¿cómo puede amar a Dios a quien no ha visto?". Como bien lo dijo la periodista estadounidense y activista social, Dorothy Day: "Realmente solo amo a Dios tanto como amo a la persona que menos amo".

Estaban dos amigos pasados de tragos discutiendo en una taberna sobre quién quería más a quién. Cada

---

[1] White, *El camino a Cristo*, 44.

uno elegía sus mejores argumentos para demostrar que tenían la razón. En eso uno preguntó al otro: "Dime, ¿qué es lo que me causa dolor? Sorprendido por la pregunta, el otro respondió: "¿Y cómo voy a saber yo qué te causa dolor? A lo que el primero añadió: Si no sabes qué me causa dolor, ¿cómo puedes decir que me quieres de verdad?"[1]

¿Cómo podemos saber que amamos a Dios?

Muchos religiosos se van a perder porque son indiferentes a lo que más le duele a Dios. Aparentaban ser sus amigos en la tierra, pero realmente no lo eran. Ellos vivieron —como el hijo mayor de la parábola—, cerca de la religión, pero lejos de Dios. Según Mateo 25 ellos creían en Dios, pero jamás creyeron que lo que hacían por su prójimo se lo hacían a Dios mismo. Al no hacerlo, negaban a Dios con su indiferencia hacia el prójimo. Practicaban otra forma de ateísmo, un ateísmo distinto, se trata de un ateísmo religioso. El hermano mayor pretende estar bien con Dios, pero actúa como verdadero ateo, porque menosprecia a su hermano menor. No existe peor ateísmo que el fanatismo religioso que no reconoce la imagen de Dios en el otro, en el ateo, en el LGTBI, en el refugiado, en la piel con otro acento, en el prójimo con otras preferencias.

Un indigente toca a la puerta de una casa para pedir comida. Alguien sale y le pide que vaya por atrás a recibirla. Atrás, el dueño le dice que hay que orar por los alimentos primero, que repita después de él. Cuando éste decía: 'Padre nuestro que estás…', el mendigo repetía una y otra vez: 'Padre suyo que estás…'. Frustrado el dueño le preguntó: ¿Por qué

---

[1]Adaptado de Mónica Díaz, *Ante todo, cristiana* (Coral, FL.: APIA, 2016), 213.

insiste en decir: 'Padre suyo', si le repito una y otra vez, 'Padre nuestro'? El hombre respondió: 'Si digo Padre nuestro, eso nos haría hermanos y a Dios no le agradaría que usted sirva la comida a su hermano en el porche trasero de su casa".[1]

Al hijo mayor le pasaba lo peor al no amar a su hermano.

A Albert Camus, el novelista, filósofo y periodista francés, se le atribuye haber dicho que "no ser amado es una simple desventura, la verdadera desgracia es no saber amar".[2]

No somos perfectos. Amémonos como nos ama Dios. Admitamos que todos somos como lo dijo el filósofo Jean Paul Sartre, "mitad víctimas, mitad cómplices, como todo el mundo".[3]

¿Qué hizo el padre de la parábola para sanar a su duro y rígido hijo mayor? Vamos a leer Lucas 15:31 y 32, para encontrar en estos pasajes que el padre recordó a su hijo cinco cosas importantes que sufría, herido de resentimiento.[4] Estos dos textos dicen así: "Él entonces le dijo: Hijo, tú siempre estás conmigo, y todas mis cosas son tuyas. Mas era necesario hacer fiesta y regocijarnos, porque este tu hermano era muerto, y ha revivido; se había perdido, y es hallado".

Primero. *Le recordó su identidad.* Lo llama "hijo".

---

[1]Max Lucado, *Un amor que puedes compartir* (Miami, FL.: Editorial Caribe, 2002), 59-60.

[2]Albert Camus (1913-1960), https://twitter.com/literlandweb1/status/10591707 992722 43201 Consultado el 9 de noviembre de 2018.

[3]Jean Paul Sartre (1905-1980), https://twitter.com/literlandweb1/status/105909 59314 11410944 Consultado el 9 de noviembre de 2018.

[4]J. Smith, y R. Lee, *Sermones y bosquejos de toda la Biblia* (D. Somoza y S. Escuain, trads.; Barcelona: Editorial CLIE, 2005), 476-477.

¡Ah, qué mundo de significado puso el padre en esta palabra! Igual que con el hijo mayor de la parábola, Dios desea que tú y yo tengamos bien presente el elevado honor que él nos ha conferido de llamarnos sus hijos.

Segundo: *Le recordó su amor hacia él.* "Hijo, tú". Dios ama a todos: él ama al mundo; pero de manera particular te ama a ti.

Tercero: *Le recordó su presencia permanente.* "Hijo, tú siempre estás conmigo".

Cuarto: *Le recordó sus riquezas.* "Y todas mis cosas son tuyas".

Quinto: *Le recordó su sentido de familia.* En respuesta a las palabras del hermano mayor "Éste tu hijo", el Padre le contesta, "Éste tu hermano". Es que nadie puede llamar "Padre nuestro" a Dios y negar la afiliación con su hermano.

Resumen

En nuestro mensaje de hoy aprendimos tres señales para detectar si estamos cerca de la religión, pero lejos de Dios. Repasemos:

Primera señal: *Juzgar a otros con la religión.*
Segunda señal: *Padecer la religión.*
Tercera señal: *Negar a Dios con la religión.*

Conclusión

En la fiesta de graduación, Juanita recibió un regalo de cierto joven profesor de ingeniería. Al llegar a casa descubrió que se trataba de un libro sobre ingeniería, y no lo abrió por muchos meses. Después de un tiempo,

Juanita y el joven se enamoraron y se comprometieron. Un día, mientras ambos planeaban su boda, él le pidió una opinión sobre el libro. Juanita se sintió confundida por no saber qué responder. Y más tarde, al ir a casa, lo buscó hasta encontrarlo. Al ver que su prometido era el autor del libro, fascinada no durmió mucho aquella noche hasta leerlo de tapa a tapa.[1]

Solo cuando nuestra relación está centrada en el autor del libro, el libro cobra su verdadera importancia. Solo cuando nuestra vida está centrada en Cristo, es que gozamos de armonía con nosotros mismos y con aquellos que están en nuestro entorno. ¡Cuánto más necesitamos centrar nuestra vida en el Señor Jesús!

En cierta ocasión preguntaron al reconocido evangelista Billy Graham, qué haría diferente en su vida si volviera a nacer, y él respondió: "Si pudiera volver a vivir, haría menos proyectos, menos viajes, y pasaría mucho más tiempo con Dios".

No podemos vivir igual como hemos vivido; no podemos seguir igual como hemos sido.

Elie Wiesel, escritor estadounidense, ex sobreviviente de los campos de concentración nazi, escribió:

"Lo contrario del amor no es odio, es la indiferencia.

Lo contrario de la belleza no es la fealdad, es la indiferencia.

Lo contrario de la fe no es la herejía, es la indiferencia.

Lo contrario de la vida no es la muerte, sino la indiferencia entre la vida y la muerte".

No podemos seguir engañándonos a nosotros mismos, atrapados en los fríos tentáculos de la indife-

---

[1]Donald E. Mansell, *Nuevas cada mañana* (Buenos Aires: ACES, 1981), 15.

rencia; indiferentes a Dios, indiferentes unos a otros. Ya lo dijo el teólogo danés del siglo XIX, Søren Kierkegaard: "Existen dos maneras de ser engañados. Una es creer lo que no es verdad. La otra es negarse a aceptar lo que sí es verdad".[1]

Llamado

Aceptemos la verdad. Cristo y solo Cristo basta para salvarnos. No nos salva la religión. Solo Cristo es nuestro suficiente Salvador. Jesús —y nadie más— pagó todo para salvarnos.

En este momento Cristo está aquí; él llama a la puerta de tu corazón. Jesús quiere salvarte, salvarte de estar cerca de la religión, pero lejos de Dios.

Si Cristo no es suficiente, nada más será suficiente. La alabanza de la gente no será suficiente. El dinero nunca será suficiente. La pareja no será suficiente. La fama no será suficiente. Los hijos no serán suficientes. La religión nunca será suficiente. Nuestra mayor necesidad es Jesús. Solo él basta, solo él es suficiente.

Acá todos somos rotos, descosidos y vueltos a coser por Dios con mucho amor. Aceptemos que él es nuestra más grande necesidad. Voy a orar por ti. ¿Quieres levantar tu mano y decirle a Dios que quieres que él se acerque más íntimamente a tu vida?. Oremos.

---

[1] Søren Kierkegaard (1813-1855), https://twitter.com/literlandweb1/status/1058 4685462 15321600 Consultado el 9 de noviembre de 2018.

BOSQUEJO DE GRACIA REVELADORA

Lectura bíblica base: Lucas 15:11-32

Punto central: Es posible estar cerca de la religión, pero lejos de Dios.

Introducción: Niño entra al templo donde ve las veladoras y candelas encendidas frente a la imagen de Jesús. En su mente infantil piensa que es el cumpleaños del Señor Jesucristo, empieza a apagar las candelas y veladoras, y a cantar *Feliz cumpleaños* a Cristo. Al llegar a su casa, al rato aparece el sacerdote a reclamarle: "¿Dónde está Dios?". Después de un momento estresante del niño frente al sacerdote, subió las escaleras como un rayo, y buscando a la madre le dijo casi sin aliento: "Mami, ayúdame, ellos perdieron a Dios, y piensan que yo lo escondí".

Tres señales para detectar si estamos cerca de la religión, pero lejos de Dios

1. Juzgar a otros con la religión.

Aplicación: Usar la religión para criticar y juzgar al prójimo, niega la esencia del cristianismo: el amor a Dios y el amor al prójimo.

Testimonio personal: _____
_____
_____
_____.

Apelación: ¿Quieres pedirle al Espíritu Santo que te ayude a considerar valiosas aquellas personas que te resultaban inferiores y despreciables?

2. Padecer la religión.

Aplicación: La obediencia por obligación no es verdadera obediencia. La obediencia que Dios acepta es la obediencia gozosa, la que emana de un corazón agradecido.

Ilustración: _____
_____
_____
_____.

Apelación: ¿Quieres pedirle a Dios que te dé un corazón que se goce en obedecerle por amor, y no por obligación?

3. Negar a Dios con la religión.

Aplicación: El desprecio al prójimo es el desprecio a Dios, por lo tanto, es otra forma de ateísmo.

Experiencia personal: _____
_____
_____
_____.

Apelación: ¿Te gustaría pedirle a Dios que él te ayude a ser considerado, amable y compasivo con tu prójimo, especialmente con aquellos que te resultan indignos por su conducta?

Resumen: Hoy aprendimos tres señales para detectar si estamos cerca de la religión, pero lejos de Dios; estas tres señales son:

Primera: *Juzgar a otros con la religión.*

Segunda: *Padecer la religión.*

Tercera: *Negar a Dios con la religión.*

Llamado final: Juanita recibe un regalo de graduación. Al abrirlo se entera que es un libro. Lo deja de lado. Pasado el tiempo se enamora del joven ingeniero que se lo había regalado. Deciden casarse. En una ocasión que hablaban de los planes de su boda, el joven le preguntó acerca del libro. Ella no supo qué responderle. Pero esa noche, sabiendo que el autor del libro era su prometido, se lo leyó de tapa a tapa.

Conocer a Cristo hace la diferencia. La obediencia llega a ser una obediencia gozosa. Cristo mismo está hoy mismo frente a la puerta de nuestros corazones para darnos una experiencia cristiana marcada por el gozo.

Cristo nos acepta a todos como somos. Acá todos somos rotos, descosidos y vueltos a coser por Dios con mucho amor. Aceptemos que él es nuestra más grande necesidad. Voy a orar por ti. ¿Quieres levantar tu mano y decirle a Dios que quieres que él se acerque más íntimamente a tu vida?

ILUSTRACIÓN ADICIONAL

Una señora tenía que salir una mañana de compras. El camión de la basura tenía un punto de recogida en la ruta que esta mujer debía tomar para llegar a la parada del autobús, de modo que ella recogió una bolsita de basura con la intención de dejarla en aquel lugar.

Ensimismada en mil asuntos, en vez de dejar la bolsita, la pobre mujer la metió entre las cosas que llevaba y se subió al autobús. Al poco rato, se quedó sorprendida de un olor sumamente desagradable que impregnaba el vehículo.

Abrió las ventanillas para dejar entrar el aire fresco, pero de nada sirvió. Al bajarse al llegar a su destino, notó que el mal olor persistía, y el hedor no se disipaba ni siquiera cunado entraba en las distintas tiendas en las que tenía que hacer sus compras.

Según iban pasando las horas, la situación empeoraba y llegó a sentir náuseas, pues todo el mundo olía mal. Solo cuando regresó a casa se dio cuenta de quien llevaba el mal olor a todas partes había sido ella.[1]

---

[1] Israel Leito, *A través de la Biblia* (México: Gema Editores, 2007), 48.

LUPA TEOLÓGICA

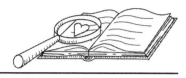

¿Qué decir del vicio del virtuoso?[1]

Henry Drummond (1851-1897), el gran evangelista escocés, autor de *The Greatest Thing in the World* [*Lo más grandioso en esta vida*], escribió: "Entre todos los vicios, el mal genio se distingue por ser el vicio del virtuoso. Con frecuencia, es la única mancha en lo que de otro modo sería un carácter noble. Seguramente usted conoce hombres que son intachables en todo, y mujeres que serían perfectas, excepto por esa disposición fácilmente alterable, explosiva e irritable. Esta compatibilidad del mal genio con gran carácter moral constituye uno de los problemas éticos más extraños y tristes que hay".[2]

De acuerdo a las palabras de Drummond, el *celo* por lo *correcto*, o sea, el celo por la búsqueda de la *virtud*, va asociado a la ira: "El mal genio se distingue por ser el vicio del virtuoso". Esta asociación de conceptos no es casual. Abre los ojos, pero aclaremos, no es el caso de todas las personas religiosas. Más adelante, el mismo autor añade: "En verdad, existen dos grandes clases de pecados: los pecados del cuerpo y los pecados del espíritu. Podríamos decir que el hijo pródigo representa al primer grupo, mientras que su hermano mayor al segundo".[3]

---

[1] Estoy en deuda con mi amigo el pastor Edwin López por recomendarme la lectura del libro de Henry Drummond, fuente principal de esta *Lupa teológica*.

[2] Henry Drummond, *The Greatest Thing in the World*. (London: Odder & Stoughton Ltd., 1920), 7. https://jesus.org.uk/book_author/henry-drummond/ Consultado el 30 de enero de 2019.

[3] Ibid.

Aunque Drummond hace una referencia casual a la parábola del hijo pródigo, no es casual que en la narración de Jesús a los fariseos que lo criticaban por asociarse con los que ellos despreciaban, Jesús asocia al hijo mayor con uno de los "pecados del espíritu" —como lo llama Drummond—; un género de pecados que los cristianos tendemos a ignorar. Entre ellos podemos incluir los celos, la envidia, la avaricia, la crítica... y la ira. Pero no cualquier tipo de ira, sino una versión muy especial y refinada a la que él llama *el vicio del virtuoso*. Lo que distingue a este tipo de ira de las demás expresiones de mal genio, es que aparentemente nace del celo por la gloria de Dios y se enmascara tras la fachada de una persona consagrada e intachable.

"***El mensaje del*** *tercer ángel exige la presentación del sábado del cuarto mandamiento, y esta verdad debe presentarse al mundo; pero el gran centro de atracción, Cristo Jesús, no debe ser dejado fuera del mensaje del tercer ángel...*

El pecador debe mirar siempre hacia el Calvario; y con la fe sencilla de un niñito, debe descansar en los méritos de Cristo, aceptando su justicia y creyendo en su misericordia.

Los que trabajan en la causa de la verdad deben presentar la justicia de Cristo.

Cristo crucificado, Cristo resucitado, Cristo ascendido al cielo, Cristo que va a volver, debe enternecer, alegrar y llenar de tal manera la mente del predicador, que sea capaz de presentar estas verdades a la gente con amor y profundo fervor.

Entonces el predicador se perderá de vista, y Jesús quedará manifiesto".

(Elena G. de White, *El evangelismo*, 138-139).

Sermón 7

Gracia misional

Lectura bíblica base — **Lucas 15:3-7**

Objetivo principal

Dar a conocer que Jesucristo nos ha confiado su gracia redentora, para que los oyentes sean motivados a ser misioneros de su gracia.

Introducción

"*La fiera saltó y me alcanzó el hombro; ambos rodamos por el suelo. Rugiendo horriblemente cerca de mi oído, me sacudió como un perro lo hubiese hecho con un gato. Los sacudones que me dio el animal, me produjeron un entorpecimiento igual al que debe sentir un ratón, después de la primera sacudida que le da el gato. Me atacó entonces una especie de adormecimiento, y no sentí ningún dolor ni ninguna sensación de temor*".[1]

---

[1] David Livingstone (1813-1873), http://paseandohistoria.blogspot.com/2009/12/david-livingstone.html Consultado el 10 de noviembre de 2018

Así describe su encuentro con un león, David Livingstone, siendo misionero en las selvas africanas. Todo comenzó cuando David tenía doce años, él leyó un pedido de misioneros para ir a China, y decidió ir. Entonces resolvió ser un médico misionero. Con este sueño en mente, completó medicina. Pero casi listo para irse, estalló la Guerra del Opio y los ingleses ya no podían viajar a China.

Robert Moffat estaba en Inglaterra en ese momento hablando de la misión sudafricana. A Livingstone le interesó la historia de Moffat y dijo: "¿De qué sirve esperar al final de esta abominable Guerra del Opio? Iré de inmediato a África". Así, el Espíritu Santo llevó a Livingstone a África y el terrible comercio de esclavos quedó descubierto ante el mundo.[1]

Cuando David Livingstone partió por primera vez a África, un grupo de sus amigos lo acompañaron al muelle para desearle un buen viaje. Algunos de ellos, preocupados por la seguridad del misionero, le recordaron los peligros que enfrentaría en la tierra oscura a la que viajaba. De hecho, un hombre instó a Livingstone a permanecer en Inglaterra.

En respuesta, David Livingstone abrió su Biblia y leyó en voz alta las últimas palabras grabadas de nuestro Señor en el Evangelio de Mateo, capítulo 28, las que aparecen como parte de la Gran Comisión evangélica: "He aquí, estoy contigo siempre". 'Eso, amigo mío, es la palabra de un caballero. Así que vamos a ir'.[2]

David Livingstone: misionero, viajero, filántropo. Durante 30 años, su vida transcurrió en un esfuerzo incansable para evangelizar a las razas nativas,

---

[1] L. Tan, *Encyclopedia of 7700 Illustrations: Signs of the Times* (Garland, TX.: Bible Communications, Inc., 1996), 489.

[2] Ibid, 814.

explorar los secretos no descubiertos de África, y abolir el comercio de esclavos. Se dice que él fue, a la vez Madre Teresa, Neil Armstrong y Abraham Lincoln, todo en uno.[1]

Después de haber trabajado muchos años en África, David Livingstone regresó a Inglaterra brevemente. Alguien lo saludó: "Bueno, Dr. Livingstone, ¿a dónde está listo para ir ahora?". Livingstone respondió: "Estoy listo para ir a cualquier parte, siempre que esté adelante".[2]

Debido al rumor que llegó a Inglaterra que el misionero David Livingstone había desaparecido en las junglas del continente africano, el *New York Herald* en 1871 envió al periodista Henry Stanley en busca del misionero. Después de increíbles dificultades, el periodista encontró al explorador en África central, donde pasó cuatro meses con él. Stanley era un ateo engreído y confirmado, pero la influencia, la amabilidad, la autenticidad, la bondad y el celo de Livingstone ganaron el corazón de Stanley. Stanley se convirtió en cristiano y dijo: "Yo me convertí por él, pero él no había tratado de convertirme".[3]

Durante largos y cansadores viajes, enfermedades debilitantes, peligro de los animales salvajes y tribus hostiles, nunca relajó su disciplina autoimpuesta, sino que hizo observaciones, estudió idiomas, mantuvo sus famosos diarios y preparó informes científicos que le dieron fama. Retuvo su humildad, escribiendo en 1853: "No pondré ningún valor en nada de lo que

---

[1] M. Galli y Olsen, "Introduction", en *131 Christians everyone should know* (Nashville, TN.: Broadman & Holman Publishers, 2000), 247-248.

[2] D. Walls y M. Anders, *I & II Peter, I, II & III John, Jude* (Nashville, TN.: Broadman & Holman Publishers, 1999), 11:26.

[3] G. C. Jones, *1000 illustrations for preaching and teaching* (Nashville, TN.: Broadman & Holman Publishers, 1986), 183.

tengo... excepto en relación con el Reino de Cristo".

Fue descubierto muerto, arrodillado junto a su cama. Algunas palabras en la lápida de Livingstone resumen sus logros: "Durante treinta años, su vida transcurrió en un esfuerzo incansable por evangelizar a las razas nativas, explorar los secretos no descubiertos, abolir el desolador comercio de esclavos en África Central".[1]

Su cuerpo fue sepultado en Inglaterra, en la Abadía de Westminster, entre los monumentos de los reyes y héroes de aquella nación. Grabadas en su tumba se pueden leer estas palabras: "El corazón de Livingstone permanece en el África, su cuerpo descansa en Inglaterra, pero su influencia continúa".

La parábola que hoy estudiaremos, también se refiere a la labor misionera. Leamos Lucas 15:3-7:

> Entonces él les refirió esta parábola, diciendo: ¿Qué hombre de vosotros, teniendo cien ovejas, si pierde una de ellas, no deja las noventa y nueve en el desierto, y va tras la que se perdió, hasta encontrarla? Y cuando la encuentra, la pone sobre sus hombros gozoso. Y al llegar a casa, reúne a sus amigos y vecinos diciéndoles: Gozaos conmigo, porque he encontrado mi oveja que se había perdido. Os digo, que así habrá más gozo en el cielo por un pecador que se arrepiente, que por noventa y nueve justos que no necesitan de arrepentimiento.

Contexto

El contexto de las tres parábolas de Lucas 15 (de la oveja perdida, de la moneda perdida, y del hijo pródigo), es

---

[1] J. D. Douglas y W. Comfort, eds., "Livingstone, David", en *Who's Who in Christian history* (Wheaton, IL.: Tyndale House, 1992), 427.

el mismo, y aparece al inicio del capítulo, en Lucas 15:1, 2, donde leemos que: "Se acercaban a Jesús todos los publicanos y pecadores para oírle. Y los fariseos y escribas murmuraban, diciendo: Este a los pecadores recibe, y con ellos come".

Se trataba de personas religiosas, de gente muy "correcta", conocidos como los fariseos y los escribas, quienes criticaban a Jesús por amar y juntarse con quienes ellos despreciaban. A causa de ellos, Jesús narra esta serie de parábolas, entre ellas, la bien conocida parábola de la oveja perdida.

Cuerpo

Basándonos en la parábola de la oveja perdida, podemos aprender acerca de LOS TRES MOVIMIENTOS DE LAS MISIONES. Veamos cada uno:

1. EL PRIMER MOVIMIENTO ES: *IR a los extraviados.*
Jesús, el Pastor de la parábola, no espera hasta el regreso de la oveja; apenas se entera de que ella está extraviada, de inmediato, "va tras la que se perdió hasta encontrarla" (Lucas 15:4). Jesús salió del trono al pesebre, vino del cielo a la tierra; cambió de familia, se humanó, vino a ser como uno de nosotros; él se movió porque la gracia no se queda paralizada, impávida, con los brazos cruzados. El amor se mueve, nos hace actuar; de lo contrario no puede ser amor. Punto.

A la luz de esta parábola, es tiempo que nosotros entendamos que son tantas las almas extraviadas sin Cristo, que los templos son muy pequeños para llevar las ciudades a ellas, que es necesario llevar la iglesia a las ciudades; lejos de los templos, a las calles.

El "id" del mandato de Mateo 28 "implica que los discípulos —y esto vale para los hijos de Dios en general— no deben concentrar toda su atención en 'venir' a la iglesia. Deben también 'ir' para llevar las preciosas noticias a otros. Por supuesto, no pueden 'ir' a menos que antes hayan 'venido' y a menos que se mantengan tanto viniendo como yendo. Ellos no pueden dar, a menos que estén dispuestos a recibir".[1]

La iglesia no existe para sí misma. De hecho, las iglesias que solamente existen para los de adentro, eventualmente, solo tendrán a los de adentro. Su destino inminente será desaparecer.

En cierta ocasión un pastor y un anciano de iglesia visitaban el hogar de una pareja de señores de la tercera edad, a quienes preguntaron su opinión acerca de la iglesia, a lo que uno de ellos respondió: "Se nota que es una iglesia que se lleva muy bien, pero solo entre ellos".

¡Qué triste concepto! Es la descripción de una iglesia que ha perdido su razón de ser.

No perdamos de vista las palabras del teólogo suizo Emil Brunner, al comentar sobre la misión de la iglesia; él dijo: "La iglesia existe para la misión, así como el fuego para la combustión; cuando no hay misión, no hay iglesia y donde no hay iglesia y misión, no hay fe".[2]

El primer movimiento de la gracia misional de Dios es, *por tanto, id*. La misión es movimiento; no se trata de solo orar; estamos seguros de que Jesús desea que estemos en comunión con su Padre, por supuesto;

---

[1] W. Hendriksen, *Comentario al Nuevo Testamento: El Evangelio según San Mateo* (Grand Rapids, MI.: Libros Desafío, 2007), 1048.

[2] Manuel Rosario, *De la iglesia a la calle* (México: Gema Editores, 2014), 61.

pero la oración y el estudio de la Biblia separados de la testificación no tienen mucho valor. Pueden, inclusive, llevarte al fanatismo o al misticismo. Esto es lo que afirma Elena G. de White: "Este período no ha de usarse en una devoción abstracta. El esperar, velar, y ejercer un trabajo vigilante han de combinarse".[1]

¿Queremos vivir realmente más cerca de Dios, experimentar un renacer en la vida?

Escuchemos la clave que ofrece el libro *Palabras de vida del gran Maestro*: "Mediante una vida de servicio en favor de otros, el hombre se pone en íntima relación con Cristo. La ley del servicio viene a ser el eslabón que nos une a Dios y a nuestros semejantes".[2]

La comunión con Dios no nos hace más ociosos; su amor conmueve el corazón a la vez que mueve nuestros pasos en la dirección donde está el gemido del corazón sufriente.

Sea entonces nuestra ferviente oración a Dios: "Señor, permite que el fuego que está en mi corazón, derrita el plomo de mis pies".

2. EL SEGUNDO MOVIMIENTO ES: *DEJAR* a *los salvados*. En la parábola observamos que el pastor "deja a las noventa y nueve en el desierto" (Lucas 15:4). La prioridad es alcanzar a la extraviada, ya no es cuidar a las que están en el redil; ellas deben quedarse solas, por su propia cuenta.

Muchas iglesias no crecen en ningún sentido porque no han enseñado a sus miembros a *dejar* sus

---

[1] Elena G. de White, *Servicio cristiano* (Mountain View, CA.: Publicaciones Interamericanas, 1980), 107-108.

[2] Elena G. de White, *Palabras de vida del gran Maestro* (Mountain View, CA.: Publicaciones Interamericanas, 1982), 262.

propias congregaciones para ir al mundo a esparcir el evangelio. Es hora de empezar a medir el éxito de la iglesia, no por los que están sentados, sino por los que son enviados.

En un año crítico que hubo una reorganización en la Iglesia Adventista del Séptimo Día —el año 1901—, Elena G. de White dijo: "Los ministros revolotean sobre las iglesias que ya conocen la verdad, mientras miles perecen sin Cristo. Si se dieran las instrucciones adecuadas y se siguieran los métodos apropiados, cada miembro de iglesia haría su trabajo como miembro del cuerpo de Cristo. Debería enseñárseles que a menos que puedan mantenerse firmes por sí solos, sin un ministro, necesitan convertirse y bautizarse de nuevo. Necesitan nacer de nuevo".[1]

El segundo movimiento de la gracia misional de Dios es *dejar a las noventa y nueve en el desierto*. En esta misma línea, Elena G. de White recomendó algo más puntual; ella dijo: "En vez de mantener a los pastores trabajando para las iglesias que ya conocen la verdad, digan los miembros de las iglesias a estos obreros: Id a trabajar por las almas que perecen en las tinieblas. Mantendremos las reuniones, permaneceremos en Cristo, y conservaremos la vida espiritual. Trabajaremos por las almas que nos rodean, y con nuestras oraciones y donativos sostendremos las labores de los campos más menesterosos".[2]

Que algunos avancen a evangelizar nuevos campos,

---

[1]Elena G. de White, *General Conference Bulletin [Boletín de la Asociación General]* (12 de abril de 1901), 204.

[2]Elena G. de White, *Evangelismo* (Mountain View, CA.: Publicaciones Interamericanas, 1980), 280.

mientras otros se cuidan solos es lo que se conoce como *plantar iglesias*. La conveniencia de hacer esto, según las investigaciones hechas, indican que "un año después de plantar una iglesia, la asistencia es un veinte por ciento mayor (entre ambas iglesias) que antes. Cinco años después, la asistencia sube a un cincuenta por ciento. Y luego de una década, la asistencia se ha duplicado. A menudo suele suceder con más rapidez".[1]

De acuerdo con estudios realizados "en diferentes denominaciones muestran que las iglesias nuevas son más eficientes en traer personas a Cristo. Por ejemplo, un estudio mostró que en las iglesias de menos de tres años, se necesita un promedio de tres miembros para traer un nuevo converso. En las iglesias de cuatro a diez años de edad, se necesitan siete miembros para traer un converso. Pero cuando la iglesia pasó los diez años, se necesitan en algunos casos hasta 89 miembros para traer un nuevo miembro".[2]

Hagamos de las siguientes palabras, nuestra más ferviente oración: "Señor, permite que el fuego que está en mi corazón, derrita el plomo de mis pies".

3. **EL TERCER MOVIMIENTO ES:** *RESTAURAR a los heridos.* Jesús vino a buscar y a salvar lo que se había perdido (Lucas 19:10). Es el punto ilustrado en la parábola de la oveja perdida. Claro, nuestras necesidades son importantes. Pero hemos tenido cientos de oportunidades. Si algo sucediera y nuestra vida se terminara hoy, por la gracia de Dios, cuando venga Jesús iremos al cielo. Pero si los perdidos mueren

---

[1] Ron Gladen, *Plantar el futuro* (Buenos Aires, Argentina: ACES, 2002), 53-54.

[2] Isabel y Daniel Rode, *Crecimiento* (Buenos Aires: ACES, 2003), 139-140.

hoy, están perdidos para siempre. Y, nuevamente, eso no está bien. El corazón amante de Jesús fue quebrantado por aquellos que estaban fuera del amor de su Padre. De modo que hagámonos las siguientes preguntas: ¿Quebranta mi corazón lo que quebrantó el corazón de Jesús? ¿Soy movido a compasión cuando pienso en la familia vecina que no conoce a Jesús? Mientras sigamos actuando como iglesia, principalmente para atendermos a nosotros mismos, seremos como un reloj solar escondido en la sombra.

Philip Yancey, pregunta: "¿Qué haría falta para que una iglesia fuera conocida como un lugar donde la gracia estuviera siempre disponible? Con demasiada frecuencia los extraños nos consideran como una especie de club exclusivo para los justos. Un amigo alcohólico aseguró esto en una ocasión al comparar a la iglesia con AA [Alcohólicos Anónimos], que se había convertido para él en un sustituto de la iglesia. 'Cuando llego tarde a la iglesia la gente se vuelve a mirarme. Hay algunos que fruncen el ceño, y hay otros que sonríen, satisfechos con ellos mismos: *¿Ves? Esa persona no es tan responsable como yo.* En AA, si llego tarde, la reunión se detiene y todo el mundo se levanta enseguida a saludarme. Se dan cuenta de que la necesidad de ellos tan desesperada que tengo le ganó la partida a mi necesidad desesperada de alcohol' ".[1]

En el tercer movimiento misional de la gracia de Dios, la oveja es restaurada, llevada sobre los hombros de regreso al redil, no para ser avergonzada, para ser bien acogida.

Preguntémonos si nuestra iglesia estaría dispuesta

---

[1] Philip Yancey, *La desaparición de la gracia* (Miami, FL.: Editorial Vida, 2015), 86.

a publicar una invitación a la comunidad que diga más o menos lo siguiente:

Casados, divorciados o solteros, *vengan, es una sola familia la que se reúne aquí.*

Conservadores o liberales, *vengan, todos tenemos un poco que dar aquí.*

Grandes o pequeños, *vengan, hay para todos nosotros aquí.*

Vacilantes o creyentes, *vengan, todos los podemos recibir aquí.*

Homosexuales o heterosexuales, *vengan, no hay odios aquí.*

Mujeres u hombres, *vengan, todo el mundo puede servir aquí.*

Cualquiera que sea tu raza, *ven, para todos nosotros hay raza aquí.*[1]

Preguntémonos si hemos entendido como el cuerpo de Cristo que somos, que si una iglesia no existe para las almas destrozadas y hechas pedazos moralmente, ella no tiene razón para existir. Es sencillamente una contradicción de lo que es la iglesia de Cristo.

¿Cómo restaurar a las ovejas heridas? Ravi Zacharias, el apologista cristiano, canadiense-americano, pregunta: "¿Cómo alcanzas a una generación que piensa con sus ojos y oye con sus sentimientos? Primero, no podemos simplemente hablar el evangelio. Tenemos que encarnarlo".

¿Alguna vez nos hemos puesto a considerar qué es lo que piensan de la iglesia aquellos que no pertenecen a ella? Esta pregunta la responde Lee Strobel en su

---

[1] Ibid.

libro *Adentro de la mente de Harry y María, dos que no vienen a la iglesia*; según este autor, "el 91% de los no cristianos piensa que la iglesia no es muy sensible a sus necesidades".[1]

Ahora quiero compartirles lo que se decía de los cristianos en el primer siglo de la era cristiana; en primer lugar, oigamos lo que Arístides, un apologista cristiano, dijo a Adrián, el emperador romano, sobre los cristianos de su época: "Ellos se aman unos a otros. Ellos nunca fallan en ayudar a las viudas; protegen a los huérfanos de ser heridos. Si ellos tienen algo, se lo dan a la persona que no tiene nada; y si miran a un extraño, lo hospedan en sus casas, y se sienten felices con él como si fuera su hermano".

Y Juliano, el emperador romano, llegó a decir de los primeros cristianos: "Los seguidores del Camino, no solamente apoyan a los pobres, sino también a nosotros".[2]

Se dice que en los años 165 y 251 después de Cristo, dos plagas barrieron con la tercera parte de la población en el imperio romano; sin embargo, también se dice que la disposición de los cristianos de cuidar a otros se demostró en forma dramática... Los paganos trataban de evitar el contacto con los sufrientes, a menudo aventándolos a las calles; pero los cristianos cuidaban de los enfermos, aunque algunos experimentaron la muerte al hacerlo".[3]

Esto explica el crecimiento explosivo de la iglesia de

---

[1] Lee Strobel, *Inside the Mind of Unchurched Harry & Mary* (Grand Rapids, MI.: Zondervan Publisher, 1993), 47.

[2] Robert Lewis, *The Church of Irresistible Influence* (Grand Rapids, MI.: Zondervan Publisher, 1993), 46, 58.

[3] Ibid., 45.

aquellos días. Se dice que "en los primeros siglos de la iglesia, los seguidores de Cristo servían por medio de su compasión y bondad a quienes les rodeaban. Como resultado, se estima que la iglesia crecía un 40 por ciento por década".[1]

Elena G. de White anotó: "Si nos humilláramos delante de Dios, si fuéramos bondadosos, corteses, compasivos y piadosos, habría cien conversiones a la verdad donde ahora hay solo una".[2]

¿Qué tal si hacemos de las siguientes palabras nuestra más ferviente oración de hoy? "Señor, permite que el fuego que está en mi corazón, derrita el plomo de mis pies".

Resumen

En nuestro mensaje de hoy, basándonos en la parábola de la oveja perdida, aprendimos sobre los tres movimientos misionales de la gracia de Dios. Repasemos:

EL PRIMER MOVIMIENTO ES: *IR a los extraviados.*

EL SEGUNDO MOVIMIENTO ES: *DEJAR a los salvados.*

EL TERCER MOVIMIENTO ES: *RESTAURAR a los heridos.*

Conclusión

Al terminar la Segunda Guerra Mundial, Europa comenzó a "juntar lo que había quedado". Estaba en ruinas, y lo más triste era ver a los niños huérfanos que vagaban por las calles, con hambre y con frío.

---

[1] Rick Rusaw y Erick Swanson, *The Externally Focused Church* (Loveland, Colorado: Group Publishing, 2004), 93.

[2] Elena G. de White, *Testimonios para la iglesia* (Mountain View, CA.: Publicaciones Interamericanas, 1980), 9:152.

Una mañana muy fría, cierto soldado norteamericano volvía hacia su campamento. Al doblar una esquina en su *jeep*, vio a un chico con la nariz apretada contra la vidriera de una panadería. Allí dentro, alguien amasaba una mezcla fragante para una nueva horneada de panecillos. El niño, hambriento, observaba en silencio cada movimiento del panadero. El soldado detuvo el *jeep*, descendió y fue hasta donde estaba aquel pequeño.

—Hijo, ¿te gustaría comer algunos de esos panes?

El niño quedó asombrado.

¡Oh! Sí… me gustaría mucho.

Entonces el soldado entró y compró una docena de bollos; los puso dentro de una bolsa de papel y volvió adonde estaba el niño, de pie.

—Aquí están —ofreció el soldado, extendiendo la bolsa al niño.

Al irse, sintió que tiraban de su chaqueta. Miró hacia atrás y oyó cuando el niño dijo:

—¡Señor!… ¿Usted es Dios?[1]

Es así, a quienes cumplen lo que Dios nos ha pedido hacer, alguien los reconoce como sus representantes en la tierra.

Llamado

Dios está aquí. Su voz llama a nuestro corazón. Nuestros corazones se conmueven. Reconocemos que no es cualquier voz, pues su voz es inconfundible. Y él llama porque hay alguien entre nosotros que reconoce

---

[1] Ani Köhler Bravo, *Historias inolvidables* (Coral, FL.: APIA, 2007), 121.

su voz, así como David Livingstone, dispuesto a decir sí a la voz de Dios para ser su misionero. Quiero orar por esa persona dispuesta a ser un misionero, una misionera. Puede ser un niño, un joven, un adulto, o aun una persona de la tercera edad, pero yo quiero orar por ti. ¿Quieren arrodillarse conmigo aquellos que deseen decir a Dios: *"Padre, permite que el fuego que está en mi corazón, derrita el plomo de mis pies, para disponerme a apoyar cuando nuestra iglesia plante una nueva congregación?"*.

BOSQUEJO DE GRACIA MISIONAL

Lectura bíblica base: Lucas 15:3-7

Punto central: La gracia de Dios mueve a la iglesia a ir a buscar a los perdidos.

Introducción: David Livingstone fue un misionero y médico escocés que exploró gran parte del interior de África. Llegó a ser el primer europeo en cruzar el continente africano. Su vida de sacrificio por compartir el evangelio es un ejemplo inspirador de la iglesia cristiana contemporánea para salir a buscar a las almas perdidas por las cuales Cristo también entregó su vida.

Tres movimientos misionales de la gracia de Dios

1. IR a los extraviados.

Aplicación: La misión evangelizadora de la iglesia no es esperar a los perdidos, es ir a buscarlos.

Testimonio personal: _____
_____
_____.

Apelación: ¿Quieres pedirle al Espíritu Santo que te muestre qué actividades o programas de tu iglesia están impidiendo que tu iglesia salga, que tu iglesia vaya y se acerque a la comunidad?

2. DEJAR a los salvados.

Aplicación: La gracia misional nos mueve a *dejar a las noventa y nueve en el desierto* para ir a plantar nuevas iglesias en medio de las ovejas perdidas.

Ilustración: _____
_____
_____
_____.

Apelación: ¿Qué cambios propondrías hacer en tu iglesia que ayuden a la plantación de una nueva iglesia?

3. RESTAURAR a los heridos.

Aplicación: La iglesia que no existe para la gente herida, las familias destrozadas y para ayudar a restaurarlos, es una iglesia que no tiene razón de ser.

Experiencia personal: _____
_____
_____
_____.

Apelación: ¿Cómo cambiaría tu manera de relacionarte y de ayudar a las personas que luchan con malos hábitos, si al extenderles la mano pensarías que es al mismo Jesucristo a quien se la extiendes para ayudarle?

Resumen: Hoy aprendimos tres movimientos misionales de la gracia de Dios basándonos en la parábola de la oveja perdida; estos tres movimientos son:

Primero: *Ir a los extraviados.*

Segundo: *Dejar a los salvados.*

Tercero: *Restaurar a los heridos.*

Llamado final: Un niño hambriento recibe pan de un soldado a quien el pequeño le pregunta inmediatamente: "¡Señor!... ¿Usted es Dios?". Es así, a quienes cumplen lo que Dios nos ha pedido hacer, alguien los reconoce como sus representantes en la tierra.

Dios tiene alrededor nuestro a personas que quieren ser sus representantes. Aquí hay alguien entre nosotros. Quiero orar por esa persona dispuesta a ser un misionero, una misionera. Puede ser un niño, un joven, un adulto, o aun una persona de la tercera edad, pero yo quiero orar por ti. ¿Quieren arrodillarse conmigo aquellos que deseen decir a Dios: *"Padre, permite que el fuego que está en mi corazón, derrita el plomo de mis pies, para disponerme a apoyar cuando nuestra iglesia plante una nueva congregación?"*.

ILUSTRACIÓN ADICIONAL

❧ ***Dunent era un destacado*** banquero y economista. Fue enviado por un banco suizo a la región de los Alpes donde se encontraba Napoleón III luchando contra el ejército austriaco. Necesitaba la aprobación de Napoleón para realizar una inversión en Argelia. Poco después de llegar al lugar, Dunent observó cómo el ejército francés y el austriaco se disponían para la batalla. Los cañones rugieron, las descargas de los mosquetes se escucharon, grupos de soldados de infantería se lanzaron a la carga y contraatacaron.

El joven Dunent observó todo aquello, lleno de horror. No se imaginaba que podía existir una carnicería tan inmensa; hombres caídos por todo aquel campo de batalla. Esa tarde 15.000 seres humanos muertos o agonizantes yacían tirados por doquier, hasta donde la vista alcanzaba.

Esta escena desgarradora motivó a Dunent a actuar. No podía permanecer allí, tan solo como un espectador. Junto a otros voluntarios trabajó toda la noche, arrastrando a los heridos hasta improvisados hospitales, vendando sus heridas de la manera que les era posible.

Después de aquella experiencia ya no pudo regresar a su trabajo en la banca. El dinero parecía no importarle. Había una visión mucho más amplia que llenaba su mente. Comenzó a viajar por toda Europa, visitando a los jefes de estado que estuvieran dispuestos a escucharle, predicando elocuente a favor de la paz mundial. Fundó lo que hoy conocemos como la Cruz Roja Internacional. Algún tiempo después Dunent obtuvo el Premio Nobel de la Paz.[1]

---

[1]Mark Finley, *La gran comisión* (Doral, FL.: Asociación Publicadora Interamericana, 2006), 20.

LUPA TEOLÓGICA

¿Cómo entenderemos la misión a *"todas las naciones"* de Mateo 28:19?

En cierta ocasión un misionero entre los quichuas de Ecuador contaba que cuando compartió la Palabra de Dios en español a una mujer quichua, ella le preguntó: "Si Dios me ama como usted dice, ¿por qué no me habla en mi propio idioma?".[1]

La dama ecuatoriana tenía razón. Jesús habló un idioma humano. Y así quiso que su iglesia evangelizara. Hechos 1:8 dice que el evangelio iría de Jerusalén a Judea y a Samaria, y hasta los confines de la tierra. Ninguna cultura sería una barrera infranqueable. Llegado el derramamiento del Espíritu Santo en los días de Pentecostés (Hechos 2), a Jerusalén habían venido judíos procedentes de todas las naciones de la tierra, quienes escuchaban hablar a los judíos galileos en sus propios idiomas el evangelio. La iglesia cristiana nació en un contexto de una misión transcultural, superando las diferencias culturales; haciendo más efectiva la predicación del evangelio, porque, "cuanto más efectivamente el evangelista logre penetrar y comprender la cultura ajena, tanto más positiva será la comunicación del mensaje".[2]

El evangelio deshace el orgullo racial, también llamado etnocentrismo, sentir su grupo racial superior

---

[1] Federico A. Bertuzzi, *Misión transcultural* (Santa Fe: Comibam International, 2000), 38.

[2] Pablo Alberto Deiros, "Prefacio a la edición electrónica", *Diccionario Hispano-Americano de la misión* (Nueva edición revisada; Bellingham, WA.: Logos Research Systems, 2006).

a otros grupos étnicos. Dios le envió a Pedro la visión de Hechos 10 para que él no llamara inmundas a las personas de otros grupos étnicos o culturales (Hechos 10:15).

"Jesús fue muy diferente. Vez tras vez alcanzaba a gente de otras culturas: el centurión romano, el leproso samaritano, la mujer sirofenicia, el endemoniado gadareno y los griegos. Cuando limpió el templo de los cambistas, fue el atrio de los Gentiles el que dejó limpio y lo volvió a abrir para los que no eran judíos, los gentiles".[1] ¿No será que en nuestros días todavía necesitamos que Jesús limpie la congregación local porque los de adentro se llevan bien solamente entre ellos, en rechazo de los diferentes, de los de afuera, porque ellos, los de adentro, se consideran superiores a su comunidad?

---

[1]Don M. McCurry, *Esperanza para los musulmanes* (Miami, FL.: Editorial Unilit, 1996), 195.

"**A fin de** quebrantar las barreras de prejuicio e impenitencia, el amor de Cristo debe ocupar un lugar en todo discurso.

Haced que los hombres conozcan cuánto los ama Jesús, y qué evidencias ha dado él de su amor.

¿Qué amor puede igualar a aquel que Dios ha manifestado para con el hombre, por medio de la muerte de Cristo en la cruz?

Cuando el corazón está lleno del amor de Jesús, éste puede presentarse a la gente, y afectará los corazones.

El sacrificio de Cristo como expiación del pecado es la gran verdad en derredor de la cual se agrupan todas las otras verdades.

A fin de ser comprendida y apreciada debidamente, cada verdad de la Palabra de Dios, desde el Génesis al Apocalipsis, debe ser estudiada a la luz que fluye de la cruz del Calvario.

Os presento el magno y grandioso monumento de la misericordia y regeneración, de la salvación y redención—el Hijo de Dios levantado en la cruz.

Tal ha de ser el fundamento de todo discurso pronunciado por nuestros ministros".

(Elena G. de White, *El evangelismo*, 142).

Sermón 8

Gracia parental

Lectura bíblica base — **Lucas 15:8-10**

Objetivo principal

Dar a conocer que Jesucristo nos ha confiado su maravillosa gracia, para que los oyentes sean motivados a ejercer su paternidad inspirados en la gracia de Dios.

Introducción

La siguiente oración es la plegaria de un padre a Dios, en la que pide por su hijo. Resume lo que cada padre cristiano pediría al Creador; dice así:[1]

Oración de un padre

Dame, oh Señor, un hijo que sea lo bastante fuerte para saber cuándo es débil, y lo bastante

---

[1] Adolfo Robleto, *501 ilustraciones nuevas* (El Paso, TX.: Editorial Mundo Hispano, 1980), 240-241.

valeroso para enfrentarse consigo mismo cuando
sienta miedo; y humilde y magnánimo en la
victoria.

Dame un hijo que nunca doble la espalda
cuando deba erguir el pecho;
un hijo que sepa conocerte a ti...
y conocerse a sí mismo, que es la piedra
fundamental de todo conocimiento.

Condúcelo, te lo ruego, no por el camino
cómodo y fácil, sino por el camino áspero,
aguijoneado por las dificultades y los retos.

Ahí déjale aprender a sostenerse firme
en la tempestad y a sentir compasión
por los que fallan.

Dame un hijo cuyo corazón sea claro,
cuyos ideales sean altos; un hijo que se domine
a sí mismo, antes que pretenda dominar a los
demás; un hijo que aprenda a reír, pero que
también sepa llorar; un hijo que avance hacia
el futuro, pero que nunca olvide el pasado.

Y después que le hayas dado todo, agrégale,
te lo suplico, suficiente sentido de buen humor,
de modo que pueda ser siempre serio, pero que
no se tome a sí mismo demasiado en serio.

Dale humildad para que pueda recordar siempre
la sencillez de la verdadera sabiduría,
y la mansedumbre de la verdadera fuerza.
Entonces yo, su padre, me atreveré a murmurar:
¡No he vivido en vano!

Douglas McArthur

Gracia parental

En el libro *Stories for the Heart* (*Historias para el corazón*),[1] su compiladora Alice Gray, nos comparte otra oración de un padre, ya no pidiendo por un hijo; es la plegaria de un padre que reconoce sus propias imperfecciones y errores; la oración es como sigue:

Oración de un padre arrepentido
Querido Padre Celestial, ¿puedes perdonarme por haber lastimado a mis hijos?

Vengo de un origen pobre, así que pensé que una casa grande haría que mis hijos se sintieran importantes. No me di cuenta que todo lo que ellos más necesitaban era mi amor.

Pensé que el dinero les traería felicidad, pero todo lo que hizo fue hacerles pensar que las cosas eran más importantes que las personas.

Pensé que pegarles les haría fuertes para poder defenderse. Todo lo que eso hizo fue evitar que yo buscara sabiduría para poder disciplinarlos y enseñarles.

Pensé que dejarlos solos los haría independientes. Todo lo que eso hizo fue obligar a mi primer hijo a ser el padre de mi segundo hijo.

Pensé que al suavizar todos los problemas familiares mantenía la paz. Y todo lo que yo les estaba enseñando con eso, era a correr más que a enfrentarse a los problemas.

Pensé que pretendiendo ser la familia

---

[1] Alice Gray, *Stories for the Heart* (Danvers, MA.: Multnomah Publishers, 1996), 168.

perfecta en público, les estaba trayendo respetabilidad. Todo lo que les estaba enseñando era vivir una mentira y a guardar el secreto.

Pensé que todo lo que tenía que hacer para ser padre era ganar dinero, quedarme en casa y satisfacer todas sus necesidades materiales. Todo lo que les enseñé fue que ser padre era más que eso. El problema es que ellos tendrán que adivinar lo que realmente significa ser padre.

Y querido Dios...

Espero que puedas leer esta oración. Mis lágrimas han teñido mis palabras.

Las dos plegarias reflejan el ideal y la realidad de la paternidad. Un buen hijo como un buen padre no es cosa de suerte, como quien se gana la lotería. Se supone siempre que todo arte —y la educación de los hijos y la paternidad, son obras maestras— y como tales, no son un accidente: requieren intencionalidad, paciencia, sabiduría, aprendizaje y, sobre todo, mucha humildad y amor.

Lucas 15 registra tres parábolas de nuestro Señor Jesucristo. Una de ellas, la parábola de la moneda perdida —que estudiaremos el día de hoy— la aplicaremos a la labor discipuladora de los padres con sus hijos; la parábola dice así:

¿O qué mujer que tiene diez dracmas, si pierde una dracma, no enciende la lámpara, y barre la casa, y busca con diligencia hasta encontrarla? Y cuando la encuentra, reúne a sus amigas y vecinas, diciendo: Gozaos conmigo porque he encontrado la dracma que había perdido. Así os digo que hay gozo delante de los ángeles de Dios por un pecador que se arrepiente (Lucas 15:8-10).

Contexto

Lucas 15: 1 y 2 ofrece el contexto que explica por qué Jesús narró las tres parábolas de este capítulo. Leámoslo: "Se acercaban a Jesús todos los publicanos y pecadores para oírle. Y los fariseos y escribas murmuraban, diciendo: Éste a los pecadores recibe, y con ellos come".

La parábola de la moneda perdida, cuyo escenario es una casa, nos proveerá la mesa de trabajo para aplicarla —como ya dijimos— a una de las relaciones más importantes que ocurren bajo nuestros techos: las relaciones entre padres e hijos. Usarla para este fin no es para nada un error interpretativo; Jesús vino a presentar a Dios como el Padre más amoroso del universo. ¿Acaso no debería ser ésta la meta más importante de la paternidad?

Refiriéndose a los "escribas y fariseos" que murmuraban contra Jesús, Roberto Badenas, autor de, *Para conocer al Maestro*, escribió: "A esos espantapájaros espirituales, aguafiestas de la gracia, Jesús les va a proponer tres parábolas seguidas para mostrar que Dios no es un ogro traganiños, sino un padre amante, que prefiere la alegría de la reconciliación a la impecabilidad avinagrada".[1]

¿Acaso nuestro primer retrato de Dios no lo recibimos de nuestros padres en la infancia? Por supuesto. Elena G. de White lo confirma en su libro *La educación*; leamos: "Los padres, las madres y los maestros necesitan apreciar

---

[1] Roberto Badenas, *Para conocer al Maestro* (Madrid: Safeliz, 2006), 114.

más plenamente la responsabilidad y el honor que Dios les ha conferido al hacerlos sus propios representantes con respecto a los niños. El carácter que manifiesten en su conducta todos los días, le servirá al niño para interpretar, para bien o para mal, estas palabras de Dios: 'Como el padre se compadece de los hijos, se compadece Jehová de los que le temen. 'Como aquel a quien consuela su madre, así os consolaré yo a vosotros' ".[1]

El privilegio y la responsabilidad de ser padres se concentra en ser delante de los hijos, representantes del amante Padre Dios.

Cuerpo

Basándonos en la parábola de la moneda perdida, podemos identificar LAS TRES MIRADAS DE LOS PADRES A LOS HIJOS. Veamos cada una:

1. **PRIMERA MIRADA:** *Mirarlos con importancia.* Para una mujer pobre, cuya fortuna entera consistía en diez dracmas, era una gran pérdida privarse de una. Una dracma equivalía a un día de trabajo, el valor de un denario. Era una pérdida que sintió agudamente. Además, llevaba la *imagen* del rey, y por ello era una buena moneda *de curso legal*.[2]

   ¿No es así que nuestros hijos llevan, no solo nuestra imagen, sino la imagen de Dios en ellos? La mujer de la parábola dio importancia a su moneda perdida, grabada con la *imagen* del rey. Esto es un símbolo también de la importancia que los padres debemos dar a nuestros hijos.

   Fernando Silva dirigía el hospital del niño en

---

[1] White, *La educación*, 219.

[2] J. Smith y R. Lee (D. Somoza y S. Escuain, trads.; *Sermones y bosquejos de toda la Biblia* (Barcelona: Editorial CLIE, 2005), 478.

Gracia parental

Managua. En vísperas de Navidad se quedó trabajando hasta muy tarde. Ya estaban sonando los cohetes y empezaban los fuegos artificiales a iluminar el cielo, cuando Fernando decidió irse. En casa lo esperaban para festejar. Hizo un último recorrido por las salas. En eso estaba cuando sintió que unos pasos lo seguían. Unos pasos de algodón. Se volvió y descubrió que era uno de los enfermitos. Fernando lo reconoció. Era un niño que estaba solo. Reconoció su cara ya marcada por la muerte y esos ojos que pedían disculpas o quizá permiso. Fernando se acercó, y el niño lo rozó con la mano y le dijo con débil voz: —'Dile a… dile a alguien, que yo estoy aquí' ".[1]

Es conmovedor el relato. Sin embargo, no hace falta llegar a un hospital para hallar esta mirada vencida por la soledad. La mirada de un niño que nos dice: "Mírame, préstame atención, dime que te importo, que estás aquí para mí".

El clamor del niño de Managua es el clamor de cada niño: "Díganle a mis padres que yo estoy aquí".

Todos buscamos a esa figura llamada *padre*. Pero más que a nuestro padre terrenal, buscamos la mirada de Dios en la figura humana llamada padre; así lo expresa el siguiente autor: "La búsqueda que de alguna u otra manera ha sido la búsqueda de la vida, es la de encontrar un padre, no meramente al padre de su sangre, no hablo del padre perdido en su juventud; me refiero a la imagen de una fortaleza divina, a una sabiduría externa a sus propias necesidades, superior a su propia hambre, al cual la creencia y el poder de su propia vida, podrían unirse".[2]

---

[1] Eduardo Galeano, *El libro de los abrazos* (Buenos Aires: Editorial Siglo XXI, 1989).

[2] John Eldredge, *Wild at Heart* (Grand Rapids, TN.: Nelson Publishers, 2011), 120-121.

La ciencia misma confirma el valor que tiene para un hijo que su padre lo mire con importancia, que éste padre lo considere tan importante que le conceda su cercanía, su presencia en la vida e historia del niño.

Un grupo de investigadores de la Universidad de Medicina John Hopkins, realizaron un estudio cuya duración fue de 30 años con 1,377 participantes.

Dicho estudio tenía el propósito de hallar la causa principal de las siguientes cinco calamidades humanas:

1. Enfermedades mentales. 2. Presión arterial alta. 3. Tumores malignos. 4. Enfermedades coronarias y 5. Suicidios. Y ¿se imaginan qué confirmaron los investigadores? ¡Sorpréndanse y tomen nota, padres! La causa única de estas calamidades no estaba relacionada con la dieta ni con el ejercicio. Encontraron que el factor predictor era la falta de cercanía con los padres, especialmente con el papá.[1]

¿Sabían ustedes que el 85% de los privados de libertad provienen de un hogar sin padre? ¿Que el 43% de los niños viven sin su papá? ¿Que el 63% de los jóvenes que se suicidan vienen de un hogar sin padre? ¿Que el 80% de los violadores son de un hogar sin papá?[2]

2. **Segunda mirada:** *Mirarlos compasivamente.* La paternidad confirma que ninguna generación aprende de la generación de sus padres. Ninguna. A cada una le tocará tomar sus propias decisiones y explorar sus propios caminos. Esto hace de la paternidad un

---

[1] Tim Clinton y Joshua Straub, *God Attachment* (Brentwood, TN.: Howard Books, 2014), 53.

[2] https://thefatherlessgeneration.wordpress.com/statistics/ Consultado el 16 de noviembre de 2018.

verdadero desafío, porque a cada padre le gustaría que sus hijos aprendieran de los errores y desaciertos de sus padres, pero desafortunadamente no es así.

Un hijo podría comportarse tan frío e indiferente como el metal de la dracma perdida, ignorante por completo —es un metal— de la compasión de la mujer que la busca con ansias de encontrarla.

Aún más, la respuesta de los padres a los desaciertos de sus hijos, moldeará, para bien o para mal, el concepto que se formen de Dios; veamos:

> Si el hijo recibe RECHAZO, él llegará a creer: *"Dios no me acepta como soy"*.
>
> Si el hijo recibe DESCALIFICACIÓN, él llegará a creer: *"Dios me busca defectos"*.
>
> Si el hijo recibe MENOSPRECIO, él llegará a creer: *"Dios me hace sentir menos"*.
>
> Si el hijo recibe INDIFERENCIA, él llegará a creer: *"Dios no tiene interés en mí"*.
>
> Si el hijo recibe FRIALDAD, él llegará a creer: *"Dios está enojado conmigo"*.[1]

Rosa Barocio, autora de *Disciplina con amor*, comparte la siguiente experiencia que le contaron y nos deja una importante reflexión:

"Me enteré —comenta la autora—, por otra madre de familia, que en la escuela de sus hijos sentaban a los alumnos de acuerdo con sus calificaciones. '¿A qué te refieres?', le pregunté. Me explicó que a los alumnos los ubican en sus pupitres, por hileras, de acuerdo con el promedio de sus calificaciones;

---

[1] Juan Francisco Altamirano, "Dios me ama, pero su amor me incomoda", (diapositiva #13). https://www.slideshare.net/jvxd/dios-me-ama-pero-su-amor-me-incomoda. Consultado el 25 de noviembre de 2018.

es decir, los niños más aplicados, de diez, en la primera fila, los de nueve en la segunda, y así sucesivamente, quedando hasta atrás los reprobados.

Prosigue la autora: "Me quedé boquiabierta. Empecé a imaginar lo que siente y piensa un niño sentado con los reprobados: 'Soy un fracasado, no sirvo, soy lo peor, soy una vergüenza'. Creo que no existe una mejor forma de desalentar a un alumno".[1]

> Es tarea de cada padre:
>
> Proteger sin acobardar.
>
> Sostener sin asfixiar.
>
> Ayudar sin invalidar.
>
> Estar presente sin imponer.
>
> Corregir sin desalentar.
>
> Guiar sin controlar.
>
> Amar y dejar en libertad.

3. **Tercera mirada:** *Mirarlos con reconciliación.* La parábola de la moneda perdida forma parte de una trilogía de relatos cuya principal lección es el reencuentro de las partes: la oveja regresa al redil; la moneda a las manos de su dueña, y el hijo pródigo a los brazos del padre. En cada caso hay un final de fiesta, de gozo, de celebración por la dicha del reencuentro: la oveja con el pastor del rebaño, la mujer recupera su moneda, y el hijo de vuelta al hogar de su padre.

En toda relación hay desencuentros. No somos perfectos. La relación padre-hijo no está exenta de rupturas. Por eso es que la paternidad es un

---

[1] Rosa Barocio, *Disciplina con amor* (México: Editorial Pax, 2017), 8.

ejercicio constante de reconciliación entre padres e hijos. Dios sabe que existe una brecha que se hace en toda paternidad por relaciones rotas debido a la misma condición herida de ambas partes; de ahí que leemos en Malaquías 4:6: "Él hará volver el corazón de los padres hacia los hijos, y el corazón de los hijos hacia los padres, no sea que yo venga y castigue la tierra con maldición".

En su cuento titulado *La capital del mundo*, el premio Nobel de la literatura, Ernest Hemingway, narra la historia de un padre y su hijo adolescente. Sus relaciones no caminaban bien. Éstas se rompieron con su hijo Paco. El joven huyó de casa.

El padre, apesarado, salió tras él. Angustiado, llegó a Madrid. En esa inmensa ciudad no supo qué hacer por encontrarlo. Pero tuvo una idea. Fue al periódico local a pagar un anuncio, en el que decía: "Querido Paco, reúnete conmigo frente a la oficina del periódico mañana al mediodía... todo está perdonado... te amo". Cuál no sería la sorpresa que llamó la atención hasta de la policía. A la mañana siguiente, ochocientos jóvenes llamados Paco habían respondido al llamado.[1]

Cada padre tiene su propio Paco. Cada hijo necesita el gesto conciliador de papá. Hace falta la iniciativa paterna que construye puentes para facilitar el regreso de su amado Paco.

Para nadie es un secreto que la paternidad se aprende con los hijos. Si reconocemos este hecho, entonces es mejor relacionarnos con ellos, con plena disposición a hacer tres cosas: *Primero:* dispuestos a perdonarles, puesto que es con ellos que practicamos a ser padres.

---

[1] Ernest Hemingway, *Relatos* (Barcelona: Ediciones G.P., 1965), 179.

Segundo: dispuestos a pedirles perdón, puesto que en el proceso nos equivocamos. Y en consecuencia, en *tercer lugar*, dispuestos a pedirles perdón.[1]

Resumen

En nuestro mensaje de hoy, basados en la parábola de la moneda perdida, aprendimos las tres miradas que los padres deben dar a sus hijos. Repasemos:

Primera mirada: *Mirarlos con importancia.*

Segunda mirada: *Mirarlos compasivamente.*

Tercera mirada: *Mirarlos con reconciliación.*

Conclusión

—"Mamá, tengo mucha sed. Necesito beber algo".

Susanna escuchó a su hijita de cuatro años, pero nada podía hacer. Ambas estaban atrapadas bajo toneladas de concreto y acero, en el peor terremoto de la Armenia Soviética.

— "Mami, tengo sed. Por favor, dame algo".

No había nada que Susanna pudiese darle. Con una pieza de concreto encima de su cabeza no podía incorporarse. Halló un vaso de mermelada, y le dio de comer a su hija todo el frasco.

— "Mami, tengo tanta sed".

Susanna sabía que ella moriría, pero deseaba que su hija viviera. A como pudo le improvisó una cama. Las dos permanecieron atrapadas durante ocho días.

---

[1] Juan Francisco Altamirano, *Es mejor si hoy sonríes* (Valencia, España: Fortaleza Ediciones, 2018), 112.

Por causa de la oscuridad, Susanna perdió la noción del tiempo. Debido al frío, perdió el tacto en todos los dedos. Y por todo, ella perdió la esperanza. Solo esperaba la muerte. Trataba de dormir. Algo la despertaba: el frío, el hambre, o —casi siempre— su hijita.

— "Mami, tengo sed".

En algún momento de esa noche eterna, Susanna tuvo una idea. Dijo más tarde: "No tenía agua, ni jugo de frutas, ni líquido alguno. Fue entonces que recordé que tenía mi sangre".

Con sus dedos adormecidos del frío, tanteó hasta encontrar un pedazo de vidrio roto. Se hizo un corte en el dedo índice izquierdo y se lo dio a su hija para que lo chupara.

Las gotas de sangre no fueron suficientes.

—"Por favor, mami, más. Córtate otro dedo".

Susanna no tenía idea de cuántas veces se cortó. Solo sabe que, si no lo hubiese hecho, su hijita habría muerto. Su sangre era la única esperanza de salvarla.[1]

Alguien más entregó, no solo su propia sangre, sino su vida para salvarnos. Su nombre es Jesús. Decidió amarnos, dispuesto a todo por nosotros, y él lo hizo. No se trató de la muerte de una madre por su hijo, se trata de la muerte del Salvador por quienes lo despreciaron y humillaron, por quienes no querían saber de su muerte ni de su amor. Así de inmenso fue su amor por todos nosotros.

¿No es conmovedor pensar que, aun sabiendo

---

[1] Max Lucado, *Aplauso del cielo* (Nashville, TN.: Editorial Caribe, 1996), 101-103.

que sería rechazado, aún así estuvo dispuesto a venir a dar su vida por amor a un mundo que no lo amaba?

Llamado

Hoy está entre nosotros alguien que quiere decir al Señor Jesús: *"Gracias por tu sangre derramada por mí y por todo el mundo. Reconozco que soy pecador y acepto tu sacrificio hecho en mi lugar para salvarme"*.

A ti que me escuchas, padre, madre o hijo, hija, joven o niño, abuelito o abuelita, quiero invitarte a levantar tu mano como símbolo de entregar tu corazón a Jesús, a quien le pides hoy que te ayude a ser un mejor hijo o hija, un mejor padre, una mejor madre, con su ayuda y con su bendición.

Vamos a orar.

BOSQUEJO DE GRACIA PARENTAL

Lectura bíblica base: Lucas 15:8-10

Punto central: La paternidad es la oportunidad de los padres de aplicar a sus hijos la gracia que ellos reciben de Dios.

Introducción: Todos los padres tienen buenos deseos y grandes sueños por sus hijos; pero tanto el ideal como la realidad, no se unen en la paternidad. Las dos oraciones nos recuerdan este hecho innegable. El autor de la *Oración de un padre*, no es la excepción; tampoco la *Oración de un padre arrepentido*. Leamos cada una.

Tres miradas que los padres deben dar a sus hijos

1. **Primera mirada:** *Mirarlos con importancia.*

Aplicación: La manera más segura para que el hijo se sienta importante, es que su padre le dedique tiempo y atención indivisa, sin ninguna interferencia o distracción de por medio.

Testimonio personal: _____
_____
_____
_____.

Apelación: ¿Quieres pedirle al Espíritu Santo que te ayude a reconocer si el uso de las tecnologías, como el celular, te están interfiriendo en el tiempo que tus hijos te necesitan?

2. **Segunda mirada:** *Mirarlos con compasión.*

Aplicación: Los hijos, a semejanza de los padres, no aprenderán todo de la generación que les precedió; de ahí la necesidad de tratarlos compasivamente.

Ilustración: _____
_____
_____
_____.

Apelación: ¿Cómo podrías mostrarle el amor de Dios a tu hijo en el error suyo que más te impacienta y desespera?

3. **Tercera mirada:** *Mirarlos con reconciliación.*

Aplicación: La relación padre-hijo, como toda relación humana, está expuesta a desencuentros y desacuerdos, por lo tanto, es indispensable practicar la reconciliación.

Experiencia personal: _____
_____
_____
_____.

Apelación: ¿Qué actitud negativa de tu carácter necesitas deponer a fin de estar más dispuesto a reconciliarte con un hijo, con quien has tenido algún conflicto?

Resumen: Hoy aprendimos las tres miradas que los padres deben dar a sus hijos basándonos en la parábola de la moneda perdida; estas tres miradas son:

Primera: *Mirarlos con importancia.*

Segunda: *Mirarlos con compasión.*

Tercera: *Mirarlos con reconciliación.*

Llamado final: Susanna y su hija quedaron atrapadas bajo los escombros tras un terremoto. La niña de cuatro años tuvo sed. Su madre, desesperada, no tenía agua para ella; pero tuvo una solución: pincharse los dedos para saciar la sed de su hija. Así le salvó la vida a su niña, con su propia sangre. Alguien más nos salvó con su propia sangre. Este alguien es Jesús. Él descendió del cielo para venir a derramar su sangre por salvarte. Eres su tesoro más precioso, por eso te salvó con su propia vida.

Hay alguien entre nosotros que hoy quiere aceptar a Jesús. Seas hijo o seas padre, eres hijo de Dios y te ama como eres; él, hoy extiende los brazos para recibirte. Quiero orar por ti, ven, pasa al frente.

Vamos a orar.

ILUSTRACIÓN ADICIONAL

❧❧ ***Cierto conferencista*** empezó su seminario levantado en alto un billete de veinte dólares.

—¿A quién le gustaría tener este billete de veinte dólares? —preguntó.

Muchas manos se levantaron en la audiencia.

—Voy a darle estos veinte dólares a uno de ustedes, pero primero déjenme hacer esto —dijo, y procedió a arrugar el billete.

—¿Quién lo quiere todavía? —volvió a preguntar.

Las mismas manos se agitaron en el aire.

—Bueno —replicó— ¿Y si hago esto?

Miró el billete al piso y comenzó a restregarlo con el zapato. Y lo levantó todo arrugado y sucio.

—¿Quién lo quiere todavía, aun estando así?

Otra vez se agitaron manos en el aire.

—Todos hemos aprendido una valiosa lección —dijo el conferencista—. A pesar de lo que hice con el dinero, ustedes lo quieren porque su valor no disminuyó. Todavía vale veinte dólares. En la vida muchas veces caemos, nos arrugamos y nos revolcamos en la inmundicia por las decisiones que hemos tomado y las circunstancias que enfrentamos. Sentimos como si no valiéramos nada. Pero a pesar de lo que haya ocurrido, o de lo que ocurrirá, nunca perdemos nuestro valor ante los ojos de Dios. Sucios o limpios, arrugados o nítidamente doblados, somos invaluables para él.[1]

---

[1]Craig Brian Larson, *Ilustraciones perfectas* (Miami, FL.: Editorial Unilit, 2002), 22.

LUPA TEOLÓGICA

La *educación* en el contexto judío del primer siglo

Después del exilio (especialmente en el tiempo de Simón ben Shatah, 70 a.C., aproximadamente), debido a la influencia de los escribas, surgió la escuela como institución en forma gradual. La educación empezaba en casa tan pronto el niño empezaba a hablar.[1] La escuela era llamada "casa" o "lugar" (hebreo, *Beth*).[2] Este sistema judío de educación —por lo menos en el primer siglo— estaba hecho con la intencionalidad de educar al hijo para convertirse en un Rabí, organizado en tres niveles:[3]

Primer nivel: Bet Sefer (casa del libro). En este nivel participaban los niños entre 4 a 6 años, y el objetivo era que ellos se aprendieran la Torah de memoria. La mayoría de los niños solo llegaba a este nivel porque una vez finalizado debían volver a sus hogares y aprender el oficio familiar (pescadores, comerciantes, carpinteros). Sin embargo, aquellos niños que presentaban habilidades más desarrolladas pasaban al siguiente nivel. Existen registros de niños que memorizaban la Torah palabra por palabra.

Segundo nivel: Bet Talmud (casa de aprendi-

---

[1] W. A. Elwell, y B. J. Beitzel, "Education", *Baker Encyclopedia of the Bible* (Grand Rapids, MI.: Baker Book House, 1988), 1:657.

[2] W. Hendriksen, *Comentario al Nuevo Testamento: 1 y 2 Timoteo y Tito* (Grand Rapids, MI.: Libros Desafío, 2006), 337.

[3] D. S. Dockery, ed., *Holman Bible Handbook* (Nashville, TN.: Holman Bible Publishers, 1992), 46. J. T. Hebert, "Education", en J. D. Barry et. al. eds., *The Lexham Bible Dictionary* (Bellingham, WA.: Lexham Press, 2016).

zaje). Los niños de 10 a 14 años estudiaban el resto del Antiguo Testamento con base en una exhaustiva reflexión compuesta de preguntas y respuestas. A los 10 años estudiaban la Mishnah, a los 13 los mandamientos, y a los 15 el Talmud.

Tercer nivel: *Bet Midrash (casa de estudios)*. Esta etapa duraba desde los 15 hasta los 30 años de edad, aproximadamente. Aquí aprendían las interpretaciones de las Escrituras, según la manera que las interpretaba el rabino local. Todo maestro tenía una manera de interpretación de las Escrituras, que se conocía como el "yugo". Este era el legado que el rabino dejaba a la comunidad, mediante su vida y ministerio.

Apéndice:

¿Debemos observar los mandamientos para ser salvos?

Vino corriendo a Jesús un joven, y éste le preguntó: "Maestro bueno, ¿qué haré para heredar la vida eterna?" (Marcos 10:17). Y Jesús le respondió: "Los mandamientos sabes: No adulteres. No mates. No hurtes. No digas falso testimonio. No defraudes. Honra a tu padre y a tu madre" (Marcos 10:19). En cambio, el autor del Evangelio según San Mateo registró una respuesta más directa: "Mas si quieres entrar en la vida, guarda los mandamientos" (Mateo 19:17). Y por su parte, el doctor Lucas dice básicamente lo mismo que Marcos: "Los mandamientos sabes: No adulterarás; no matarás; no hurtarás; no dirás falso testimonio; honra a tu padre y a tu madre" (Lucas 18:20). En los tres casos entendemos que Jesús dijo que la observancia de los mandamientos es la forma de heredar la vida eterna. Entonces surge la inquietud: ¿Por qué esta vez Jesús no dijo lo dicho en Juan 3:16, refiriéndose a sí mismo: "para que todo aquel que en él crea, no se pierda más tenga vida eterna"?

Como se deja ver en la pregunta del joven, él quería hacerse merecedor de la salvación. Por lo visto, "influido por la teología farisaica", pues "no esperaba una herencia de gracia, sino que quería alcanzarla con sus propios esfuerzos".[1]

Puedo ver a partir de tu pregunta —pareciera responderle Jesús al joven, que según crees, para heredar la salvación hay que hacer buenas obras, ¿qué tal si hacemos un ejercicio de obediencia y me cuentas cómo te va con los preceptos de las dos tablas? El joven creyó que podía impresionar al Legislador de la ley, por lo tanto se anotó a sí mismo el cabal cumplimiento de los mandamientos, diciéndole: "Todo esto lo he guardado desde mi juventud" (Marcos 10:20). Siendo que Jesús vino a "magnificar la ley y engrandecerla" (Isaías 42:21), pasó a demostrarle cuán lejos estaba de guardar los mandamientos —según el joven pensaba, porque más allá de la letra, "el cumplimiento de la ley es el amor" (Romanos 13:10); entonces el Señor Jesús "mirándole, le amó, y le dijo: Una cosa te falta: anda, vende todo lo que tienes, y dalo a los pobres..." (Marcos 10: 21). Es ahí que el joven, con un alto concepto de su moralidad, se percata de la ineficacia de la salvación por obras; su obediencia, manchada de egoísmo, salió reprobada. "Se fue triste, porque tenía muchas posesiones" (Marcos 10:22).

La salvación por gracia enseña que Dios requiere una obediencia perfecta, y que por ello Cristo vino a ocupar el lugar del hombre, ofreciéndole gratuitamente una vía de escape con su obediencia impoluta, sin ninguna mancha de egoísmo. Así Jesucristo salvó al hombre de la condenación. En cambio, el legalismo enseña que observar la ley de Dios y vivir una vida de buenas obras, asegura la salvación, y no solo eso, hace

---

[1] S. Pérez Millos, *Comentario exegético al texto griego del Nuevo Testamento: Marcos* (Barcelona: Editorial CLIE, 2014), 977.

creer erróneamente a los creyentes "que han cumplido con los estándares que Dios ha establecido para entrar en el cielo",[1] como el joven rico pensaba.

No es que la salvación por gracia anule la observancia de la ley de Dios. "El que 'la Ley fue dada por medio de Moisés, pero la gracia y la verdad vinieron por medio de Jesucristo' (Juan 1:17), significa que este, mediante su Espíritu, produce en el creyente actitudes que no solo cumplen sino que superan las exigencias de los mandamientos".[2]

La ley y la gracia no están en conflicto; ambas comparten a Dios como su Autor. La gracia, lejos de oponerse a la ley, hace posible en el creyente un "corazón nuevo", ya no de piedra sino "de carne" (Ezequiel 36:26), y en este corazón nuevo, Dios reescribe sus mandamientos, ya "no en tablas de piedra, sino en tablas de carne del corazón" (2 Corintios 3:3).

La salvación es un logro divino, nunca humano: "Pues por la bondad de Dios han recibido ustedes la salvación por medio de la fe. No es esto algo que ustedes mismos hayan conseguido, sino que es un don de Dios. No es el resultado de las propias acciones, de modo que nadie puede gloriarse de nada" (Efesios 2:8, 9).[3]

Jesús, "lleno de gracia y de verdad" (Juan 1:14) aclaró que la observancia de sus mandamientos brota del corazón que lo ama (Juan 14:15).

¿Lo amas tú?

Te invito a que lo hagas. "Porque de su plenitud tomamos todos, y gracia sobre gracia" (Juan 1:16).

---

[1] R. C. Sproul, *Can I Be Sure I'm Saved?* (Lake Mary, FL.: Reformation Trust Publishing, 2010), 7:33.

[2] Roberto Badenas, *Más allá de la ley* (Madrid: Editorial Safeliz, 1998), 329.

[3] Versión, Dios Habla Hoy.

"*Nótese, sin embargo, que la obediencia no es un mero cumplimiento externo, sino un servicio de amor. La ley de Dios es una expresión de la misma naturaleza de su Autor; es la personificación del gran principio del amor, y es, por lo tanto, el fundamento de su gobierno en los cielos y en la tierra. Si nuestros corazones están renovados a la semejanza de Dios, si el amor divino está implantado en el alma, ¿no se cumplirá la ley de Dios en nuestra vida?*".

(Elena G. de White, *El camino a Cristo*, 89).

Acerca del autor

Juan Francisco Altamirano Rivera (—Jfar), como escritor disfruta de la prosa poética; en su calidad de cocinero ocasional, de la sopa de vegetales que él prepara, y como conferencista, de las CLÍNICAS PARA EL ALMA que imparte.

Escribe acompañado de "Grillo", el perrito Lhasa Apso que lo escogió como su amo un 22 de febrero de 2011, en Tijuana, México.

Además de poseer una Licenciatura en Religión, una Maestría en Educación y una Maestría en Ministerio Pastoral, cursa una Maestría en Salud Mental con la Universidad de León, España.

Posee un Doctorado en Consejería Pastoral y es Experto Universitario en Consultoría Psicológica por la Universidad Tecnológica Nacional de Buenos Aires, Argentina. Pero ante todo, es un alumno de Cristo en la escuela de la vida, y de aquellos a quienes él enseña.

Si deseas comunicarte con él:

www.jesusvistopordentro.com

aplantar@gmail.com

@Jesusvpdentro

https://www.pinterest.com/jfaltamirano/

YouTube: Clínicas para el alma